아버지의 말

LETTERS TO HIS SON

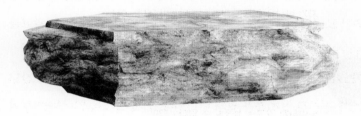

가르침이라 쓰고 사랑이라고 읽는 아버지의 메시지

아버지의 말

필립 체스터필드 지음 · 이재연 옮김

탐나는책

차 례

LETTERS TO
HIS SON

— Part.1 —

이 세상을 살아갈 아들에게

지금은 부지런히 학문의 기반을
닦아야 할 때이다

사랑하는 아들아! 네가 지금 무엇보다도 가슴 깊이 새겨야 할 것은 시간의 가치를 제대로 알고 활용하는 것이다.

사람이 소비하고 있는 것 중에서 가장 가치 있는 것은 바로 시간이다. 그렇기 때문에 예로부터 무수히 많은 사람들이 시간의 소중함에 대해 강조하고 있는 것이다.

시간의 중요성과 그 가치를 알리는 말들은 헤아리기 어려울 정도로 많이 있다. 그럼에도 대부분의 사람들을 시간을 그저 흘려보내며 살아간다. 정말로 인생을 사랑한다면 시간을 낭비해서는 안 된다. 시간은 인생을 만드는 원료이기 때문이다. 시간을 낭비하는 것은 결국 인생을 낭비하는 것과 같다.

시간이 얼마나 귀중하고, 또 시간을 어떻게 활용해야 하는지를 아느냐 모르느냐는 매우 중요한 일이다. 그것에 따라 앞으로 네 인생에 하늘과 땅만큼의 차이가 생기기 때문이다.

일할 때 열심히 일하고, 놀 때 즐겁게 놀 줄 아는 사람

지금은 부지런히 학문의 기반을 닦아야 할 때이다. 나는 정년을 마친 후에도 책을 가까이 하며 살아갈 생각이다. 내가 지금 이렇게 어느 누구의 방해도 받지 않고 책을 읽는 즐거움을 누릴 수 있는 것도 네 나이만 할 때 확고한 신념을 가지고 지식을 쌓았기 때문이라고 생각한다.

돌이켜보면 젊었을 때 어느 정도 지식을 쌓아둔 일이 그렇게 다행스러울 수가 없다. 그렇다고 해서 다른 즐거움을 추구했던 시간이 헛된 시간이었다는 뜻은 아니다. 오락, 취미 활동, 그 밖에 즐거움을 주는 다양한 놀이들은 젊은이의 욕구일 뿐만 아니라 인생의 흥취를 더해 준다.

젊었을 때, 나는 마음껏 놀았다. 만약 그렇게 하지 않았더라면 지금쯤은 논다는 것에 대해 실제보다 훨씬 크게 평가하고 있을지도 모른다. 인간이란 자신이 모르는 일, 겪지 못한 일에 대해서는 더 큰 흥미를 보이거나 높이 평가하게 마련이다. 다행스럽게도 나는 마음껏 놀았기에 논다는 것이 어떤 것인가를 잘 알고 있으므로 그것에 대해 후회되는 것이 없다.

이것은 일도 마찬가지이다. 실제로 해보지 않은 사람들은 겉모습만 보고 그 일이 굉장할 것 같다는 생각을 하고, 한 번쯤 그 일을 해보고 싶다는 말을 한다. 그러나 생각과 실제는 다른 법이다. 특히 일이라는 것은 실제로 해본 사람이 아니면 그 내면에 대해 잘 알지 못한다.

나는 일할 때 열심히 일하고, 놀 때 즐겁게 놀 줄 아는 사람이 된 걸 다행으로 생각한다. 또한 지난날 나는 마음껏 노는 한편 땀 흘려 부지런히 일했다고 자부한다.

다만 내가 후회하고 있는 것은 '아무것도 하지 않고 게으르게 흘려버린 시간'이다.

네가 지금 열여덟 살, 앞으로 2년 간은 너의 인생에 있어서 그 어느 때보다 소중한 시기이다. 그 기간을 가치 있게 보내길 바란다. 만약 네가 지금 아무것도 하지 않고 지낸다면 그만큼 지식의 양도 줄어들 것이고 인생을 낭비하는 셈이 된다. 반대로 시간을 가치 있게 보낸다면 그러한 시간이 쌓이고 쌓여 큰 이자가 붙어 되돌아오게 된다.

앞으로 2년 동안 학문의 기반을 쌓아라.

지금처럼 배우기 좋은 젊은 시절에 기반을 닦아주지 않으면 정작 지식이 필요한 시기에는 학문의 기초부터 쌓으려고 아등바등해봐야 이미 늦은 때일 것이다.

나는 네가 일단 사회에 진출한 후에는 책을 많이 읽으라고 말하지 않을 것이다. 우선 사회인이 되면 현실적으로 그럴 시간이 없을 것이고 설령 시간이 있다 하더라도 지식을 쌓을 수 없을 것이다. 오히려 그 밖에 다른 경험을 축적하기 위해 적절하게 시간을 안배하기를 바란다.

사람은 항상 자신을 성장시키는 정보와 교육뿐만 아니라 사회의 일반상식 등 여러 학식이 반드시 필요하므로 끊임없이 노력해야 한다.

성공의 삶과 실패의 삶

현재의 시기를 최대로 활용해라. 지금의 너는 누구의 방해도 받지 않고 마음껏 지식을 비축할 수 있는 시기이다. 물론 책 앞에 앉으면 가끔 짜증이 날 때도 있을 것이다. 그럴 경우에는 이렇게 생각하도록 해라.

'어차피 인생에서 한 번은 반드시 통과해야 하는 길이므로 지금 더 노력하면 그만큼 빨리 목적지에 도착할 수 있고 또한 빨리 자유로워질 수 있다.'

얼마나 빨리 자유로울 수 있느냐는 오직 네가 시간을 어떻게 사용하느냐에 달려 있다.

곧 너의 꿈이 무엇이든, 바람이 무엇이든, 또는 현명한 사람이 되는가, 어리석은 사람이 되는가는 지금 이 시간을 어떻게 활용하고 얼마나 노력하느냐에 달려 있는 것이다.

성공의 삶과 실패의 삶은 오로지 시간을 어떻게 사용하느냐에 따라 결정되는 것임을 명심해야 할 것이다.

자기 향상을 위한 노력에는
지나침이 없다

규칙적인 생활로 알맞게 절제할 수 있다면 너의 나이 때에는 무리하게 운동을 하지 않아도 건강은 충분히 유지된다. 하지만 두뇌는 그렇지 못하다. 때로는 머리를 적당히 쉬고 절제를 시켜야만 현재는 물론이고 미래를 위해 건강한 두뇌 활동을 영위할 수 있다.

두뇌를 명석하고 건강한 상태로 유지하기 위해서는 훈련이 필요하다. 물론 훈련을 받지 않아도 천재성을 발휘하는 경우도 있다. 하지만 그것은 드문 경우이므로 그것을 기대하고 마냥 기다릴 수만은 없다. 또한 천재적인 두뇌가 훈련을 거친다면 더욱더 위대해질 것은 자명한 일이다. 그러므로 너에게 당부하고 싶은 것은 더 늦기 전에 지식을 쌓기 위한 노력을 아끼지 말라는 것이다. 그러지 않는다면 이 험난한 세상에서 성공은커녕 평범한 사람으로조차 살아가기가 쉽지 않을 것이다.

훈련된 두뇌와 그렇지 못한 두뇌는 굳이 비교해 보지 않더라도 그

차이를 쉽게 가늠할 수 있다. 그리고 두뇌는 훈련을 하면 할수록 강한 힘을 발휘하는 속성을 지니고 있으므로 아무리 많은 노력을 쏟아 부어도 지나침이 없다.

어느 위인은 이렇게 말했단다.

"인간의 두뇌는 전 세계의 모든 도서관을 합해 놓은 것보다 더 많은 정보를 저장할 수 있다."

다시 한 번 너 자신을 돌아보아라. 네가 지니고 있는 것은 오로지 젊음과 패기 그리고 노력할 수 있는 자신감뿐이다. 너는 그것을 기반으로 하여 앞으로 살아가면서 필요한 모든 것을 하나하나 일궈나가야 한다. 부모, 형제, 친족 그 누구에게도 기댈 생각은 하지 말아라. 네 인생은 네 것이고 너는 네 인생을 스스로 개척해 나가야 한다.

네가 의지하고 기댈 사람은 오직 너 자신밖에 없다는 것을 알아야 한다. 나는 종종 사람들이 자기 신세를 한탄하는 말을 듣곤 한다.

"나는 능력도 있고 실력도 뛰어난데, 단지 사람들로부터 인정을 받지 못하고 있을 뿐이다."

내가 가진 상식으로 그런 일은 결코 없다. 어떤 상황에서든 능력이 있는 사람은 그만한 대가를 얻게 되고 성공도 거두게 되는 것이다.

여기서 말하는 '능력이 있는 사람'이란 지식과 식견이 있고 태도도 훌륭한 사람을 의미한다.

'지식'에 대해서는 앞에서도 말한 바 있지만 무엇을 목표로 삼든, 지식을 충분히 익혀두지 않으면 안 된다. 하지만 피상적인 지식만으로는 충분치 않다. 지식이란 어떤 상황에서든 재빨리 분석하고 즉각 결정할 수 있도록 도움을 주는 것이어야만 한다.

'식견'이 얼마나 중요한가 하는 것은 새삼스럽게 말할 필요도 없을 것이다. 아무리 지식을 쌓았다고 한들 사물을 분별할 수 있는 눈인 식견이 없다면 지식을 헛되게 쌓은 것이다.

태도 역시 매우 중요하다. 태도가 어떠한가에 따라 지식이나 식견이 빛나기도 하고 방해가 되기도 한다. 사람의 마음을 사로잡는 것은 지식이나 식견이 아니라 바로 진실되고 겸손한 태도이다.

지금은 내 충고가 그저 잔소리나 판에 박힌 듯한 말이라는 생각이 들지도 모르지만, 속는 셈 치고 내 말에 따라주기를 바란다. 너는 아직 내가 네 앞날을 위해 고심하고 있는 마음의 절반만큼도 네 자신을 위해 뭔가를 할 수 없다. 언젠가는 내 충고가 결코 헛된 것이 아니었음을 깨닫는 날이 올 것이다.

"너에게 당부하고 싶은 것은
더 늦기 전에 지식을 쌓기 위한 노력을
아끼지 말라는 것이다."

LETTERS TO HIS SON

―――― Part.2 ――――

큰 그릇의 마음으로
세상을 살아라

노력하지 않고는
성공할 수 없다

　　부모가 자식을 항상 사랑하고 애지중지 여기는 것은 당연한 일이지만 자식의 허물까지 무조건 감싸려고 하는 것은 옳지 않다. 자식에게 결점이 있으면 그것을 빨리 발견하여 좋은 방향으로 이끄는 것이 부모의 의무이자 특권이라고 생각한다. 그리고 부모가 지적하는 자신의 결점을 고치고자 노력하는 것은 자식의 의무이자 권리라고 본다.

　　다행히 아직까지 너에게는 기본적인 성격 면이나 재능 면에서 이렇다 할 문제는 없었다. 다만 약간 게으르고 주의가 산만하여 집중력이 떨어지며, 무관심한 태도를 보이는 것이 문제인 것 같더구나.

　　이는 몸이 쇠약한 노인이라면 몰라도 젊은이에게는 절대로 용서할 수 없는 문제이다. 인생의 황금기를 보내는 젊은이는 남보다 뛰어나기 위해, 그리고 남보다 돋보이기 위해 노력하지 않으면 안 된다. 따라서 늘 민첩하게 행동하고 무엇을 하든 열심히 노력하는 끈기가 있어야 한다.

너에게는 젊은이로서의 용솟음치는 활력이 부족한 것 같다. 활력이 있어야만 주위 사람들을 기쁘게 해주기 위해 노력할 뿐만 아니라 남들보다 뛰어나고자 애쓰게 되는 법이다.

다시 한 번 강조하지만 남들한테 가치를 인정받거나 존경을 받고 싶다면 그렇게 되기 위해 노력하지 않으면 안 된다. 노력 없이는 결코 존경받는 사람이 될 수 없는 것이다.

나는 '인간은 누구나 자신이 되고자 하는 바를 마음먹은 대로 이룰 수 있다'는 믿음을 갖고 있다. 설사 평범한 재능을 지닌 사람일지라도 능력을 계발하고 집중력을 키운다면 얼마든지 자신이 원하는 만큼 성장할 수 있는 것이다.

미래의 사회 구성원으로서 제 역할을 훌륭히 소화해 내려면 지금부터 준비해야 한다. 그러므로 네가 지금 무엇을 해야 하는지 곰곰이 생각해 보아라. 내가 볼 때에는 세계 각국의 정세, 이해관계, 경제상태, 역사, 관습 등에 대한 지식을 갖추는 것이 필요하다.

이것은 평범한 두뇌의 소유자일지라도 노력을 통해 얼마든지 축적할 수 있는 지식이다. 할 수 없다고 변명하지 말아라. 네 스스로 만들지 않는 한, 한계란 존재하지 않는다.

어려운 일과 불가능한 일은 엄연히 다르다

다시금 강조하건대, 사람은 열심히 노력하면 자신이 마음먹은 바를 이룰 수 있다고 나는 굳게 믿는다. 게으른 사람은 끝까지 해내고자 하는 노력을 기울이지 않는다. 조금만 어렵거나 골치가 아파도 금세 포기해 버리고 마는 것이다. 목표를 달성하기 이전에 포기하여 표면적인 지식을 얻는 것에 만족하고 만다.

이러한 사람들은 '할 수 없다'는 말을 입에 달고 산다. 실제로 진지하게 맞닥뜨려 실행해 보면 정말로 할 수 없는 일은 그다지 많지 않은데도 아예 시도조차 하지 않는 것이다.

'어려운 일'과 '불가능한 일'은 엄연히 다르다. 조금 어렵다고 시도하지 않는 것은 순전히 게으르기 때문이다.

너에게 거듭 당부하지만 '나는 할 수 없다'는 말을 하지 않게 되기를 바라며 또한 그렇지 않으리라 믿는다.

다소 어렵거나 귀찮은 일에 맞닥뜨렸을지라도 피해 가거나 돌아갈 생각은 하지 말아라. 도전정신을 발휘하여 '철저히 알고 넘어가겠다'는 마음자세로 진지하게 받아들여야 한다.

"할 수 없다고 변명하지 말아라.
네 스스로 만들지 않는 한, 한계란 존재하지 않는다."

작은 일에도
정성을 다해야 성공한다

세상에는 대수롭지 않은 일로 아까운 시간을 허비하며 바쁘게 살아가는 사람들이 있다. 그들은 무엇이 중요하고 가치 있는 것인가를 깨닫지 못하기 때문에 중요한 일에 소비해야 할 시간과 노력을 사소한 일에 쏟아버리기도 한다.

이러한 사람들은 누군가와 만나 이야기를 할 때에도 입고 있는 옷에만 마음을 빼앗겨 정작 상대방의 인격을 보지 못한다. 정치에 대해서도 정책의 목적과 영향을 판단하기보다는 형식적인 면에 더 관심을 갖는 사람에게서는 발전을 기대할 수 없다 하겠다. 그러므로 하찮은 일에 끌려 다니지 말고 하루 일과 중에서 중요한 일에 우선순위를 두고, 그것을 집중적으로 처리해야 효율적인 일의 성과를 얻을 수 있다.

그런데 대수롭지 않은 일처럼 보일지라도 사람들로부터 호감을 사고, 사람들을 즐겁게 할 수 있는 것이 있다. 이런 것은 훌륭한 사람이 되기 위해 지식과 견문을 넓히고 좋은 태도를 몸에 익히는 것과 마찬가지로 노력하고 정보를 수집하여 습득하는 것이 좋다.

조금이라도 해볼 만한 가치가 있다고 생각되는 것은 온 힘을 다해 성취해야 한다.

현재의 일에 정신을 집중하라

어제는 이미 지나간 과거이고 내일은 아직 오지 않은 미래이며, 네가 갖고 있는 것은 오로지 현재뿐이다. 어제가 부도난 수표라면 내일은 약속어음이지만 오늘은 지금 바로 쓸 수 있는 준비된 현금이라 할 수 있다.

어떠한 경우이든 오늘에 충실하는 삶의 살아야 한다. 눈앞의 사물이나 인물에게 집중하고 절대로 다른 곳으로 눈을 돌리지 말아라. 흔히 '주의가 산만하다'는 것은 마음이 다른 곳에 가 있다는 것을 의미한다.

이러한 사람과 함께 있는 것을 즐거워할 사람은 없다. 현재에 충실하지 못한 사람은 어디에서든 환영받지 못하는 법이다.

이러한 사람들은 대화할 때에도 쉽게 어우러지지 못한다. 멋대로 끼어들어 엉뚱한 이야기를 하거나 대화에 집중하지 못하기 때문에 대개는 눈총을 받기 십상이다.

지금 하고 있는 일에 집중하지 못하는 사람은 제대로 맡은 바 일을 해낼 수 없을 뿐만 아니라 다른 사람에게 좋은 벗이 될 수도 없다.

부주의한 사람이나 주의가 산만한 사람과 같이 있는 것처럼 불쾌한 일도 없을 것이다. 현재 마주하고 있는 사람에게 집중하지 않는 것은 상대방을 모욕하고 있는 것과 다를 바 없기 때문이다.

만약 상대방을 인정하고 존경한다면, 그리고 사랑한다면 어떻게 다른 것에 신경을 쓸 수 있겠느냐? 누구나 자신이 주목할 만한 가치가 있다고 생각하는 사람에게는 정신을 집중하게 마련이다.

"어제가 부도난 수표라면 내일은 약속어음이지만
오늘은 지금 바로 쓸 수 있는 준비된 현금이다."

상대방의 자존심 또한
중요하다

너는 대체로 주위 사람들에 대한 관심과 이해심이 부족한 편이다. 그것은 네가 그들을 무시하고 있거나 관심을 기울이지 않는다는 의미이므로 반드시 고쳐야 한다.

이 세상에 존재하는 수많은 사람들 중에는 어리석은 사람도 있을 것이고 그리 똑똑하지 못한 사람들도 있을 것이다. 그렇다 해도 무시당하거나 바보 취급을 받아도 될 정도로 사려가 없고 쓸모없는 사람은 없다.

정말 싫어서 마음속으로 거부하는 것까지야 뭐라고 말할 수 없지만, 그것을 겉으로 드러낼 필요는 없다. 그것은 결코 비겁한 행동이 아니다. 경우에 따라서는 오히려 현명한 태도라고 할 수 있다. 그러한 사람들도 언젠가는 너에게 도움이 되어 줄 때가 올지도 모르기 때문이다.

살다 보면 예상치 못한 난관에 빠져 타인의 도움을 받아야 할 경우가 생기기도 한다. 네가 단 한 번, 상대방을 무시했거나 바보 취급한 일로 상대방이 너에게 도움 주기를 원치 않을 수도 있는 것이다. 모욕을 주는 것만큼 사람의 마음에 상처를 남기는 것도 없다. 사람은 누구나 자존심이 있기 때문에 무시당했거나 바보 취급을 당한 사실을 쉽게 잊지 못하는 것이다.

사소한 말 한마디가 평생의 적을 만든다

남한테 무시를 당한다는 것은 남몰래 저지른 잘못만큼이나 절대 들키고 싶지 않은 약점, 무슨 일이 있어도 꼭꼭 숨기고 싶은 자신의 결함이 만천하에 공개된 것과 같다. 그것은 견디기 힘든 상처를 남긴다.

상대방의 약점이나 결점을 노골적으로 건드리는 것 역시 바보 취급하는 것 이상으로 기분 나쁜 일이다. 특히 친한 사이일수록 그것을 감싸주고 보듬어줄 줄 알아야 한다.

실제로 아무리 친한 사이일지라도 자신의 약점이나 결점을 털어놓는 사람은 드물다. 자존심이 상하기 때문이다. 따라서 노골적으로 잘못을 지적하거나 비난하는 것은 피해야 한다.

누구나 남한테 모욕을 당하면 분개하기 마련이다. 사소한 말 한마디로 평생의 적을 만들 수도 있는 것이다. 그러므로 평생의 적을 만들지 않으려면 아무리 모욕을 받아 마땅한 사람이라는 생각이 들지라도 그 감정을 밖으로 드러내서는 안 된다.

간혹 우월감에 젖어, 혹은 주위 사람들을 즐겁게 해주기 위해 남의 약점이나 단점을 들춰내 이야깃거리로 삼을 때가 있다. 그것은 절대로 피해야 할 일이다. 그 자리에 있던 사람들은 잠깐 웃고 즐기겠지만 농담거리가 되어 버린 사람은 평생 마음속에 커다란 상처로 남는 것이다.

웃음거리가 된 사람은 물론이고 주위 사람들 역시 그런 말을 던진 사람에 대해 좋지 않은 인상을 갖게 될 수도 있다.

타인의 약점이나 단점을 지적한다는 것 자체가 자신의 품위를 실추시키는 일이다. 만약 너에게 기지와 재치가 있다면 남의 마음에 상처를 주지 않고도 사람들을 즐겁게 만들 수 있을 것이다.

"타인의 약점이나 단점을 지적한다는 것 자체가
자신의 품위를 실추시키는 일이다."

자신만의 가치관으로
세상을 판단하지 말라

　　사람은 저마다 자신의 판단에 따라 행동하게 된다. 따라서 상대방이 아무리 잘못된 믿음을 갖고 있을지라도 그 사람이 진심으로 그렇게 믿고 있는 이상, 그것을 비웃거나 책망하면 안 된다. 분별력이 흐려져서 바르게 볼 수 없는 사람들을 불쌍하고 가엾게 여겨야지, 비웃음거리로 삼아서는 안 된다. 가능한 한 서로 진지한 대화를 통해 올바른 길로 인도해 주기 위한 마음자세로 대하는 것이 좋다.

　　상대방이 자신과 똑같은 판단을 내려야 하고 똑같이 생각해야 한다는 것은 오만에 지나지 않는다. 사람은 누구나 자신이 옳다고 생각하며 누가 진정으로 옳은지는 오직 신만이 알고 있을 뿐이다. 그러므로 자신의 생각과 다르다고 해서 바보 취급하거나 자신의 신앙과 다르다고 해서 이교도 취급을 하며 박해하는 것은 몰상식한 일이다.

　　사람은 자신이 생각하는 것밖에 생각할 수 없으며 또한 믿는 것밖에 믿을 수 없는 존재이다. 따라서 비난받아 마땅한 사람은 일부러 거짓말을 한 사람이나 이야기를 날조한 사람이지, 그것을 믿고 따르는 사람이 아니라는 사실을 알아야 한다.

세상에서 가장 비겁하고 어리석은 사람은 바로 거짓말로 다른 사람을 현혹하는 사람이다. 본래 거짓말처럼 죄가 크고 야비하고 어리석은 것은 없다. 거짓말을 하게 되는 이유는 적대심이나 비겁함, 허영심 때문인데 어떤 경우일지라도 목적이 달성되는 경우는 드물다. 아무리 교묘하게 속일지라도 그것은 언젠가 탄로나게 마련이다. 그리고 거짓말이 탄로났을 때, 상처를 입는 것은 자기 자신이다.

사람은 스스로를 속이지 않아야 한다

자기의 언행에 대해 변명을 일삼는다든지 명예가 훼손되고 창피를 당할까봐 두려워 거짓말을 한다면, 시간이 지날수록 오히려 곤경에 빠져들게 마련이다. 변명은 거짓말과 같다. 변명을 잘하는 사람은 자신이 비열한 사람임을 스스로 증명하는 것이나 다름없다.

만약 본의 아니게 실수를 했거나 잘못을 저질렀을 경우에는 거짓말을 하여 그것을 모면하려고 하기보다는 솔직히 시인해 버리는 편이 떳떳하다. 그리고 그렇게 하는 것이 용서를 구하는 유일한 방법이기도 하다.

잘못이나 무례함을 숨기고자 변명을 한다거나 얼버무리고 속이는 것은 용서받기 힘든 행위이다. 뿐만 아니라 진실을 숨기는 행위는 어딘지 모르게 부자연스러움을 연출하기 때문에 대개는 드러나게 된다.

네가 양심이나 명예에 상처를 받지 않고 멋지게 살고 싶다면 거짓말을 하거나 속이지 말고 떳떳하게 행동해라. 그렇게 사는 것이야말로 사람으로서의 의무이자 이익이 되는 행동이다.

어리석은 인간일수록 거짓말을 잘하지만, 그 결과는 대부분 좋지 않게 끝나고 만다. 무엇보다 사람은 스스로를 속이지 않아야 한다.

"양심이나 명예에 상처를 받지 않고 멋지게 살고 싶다면
거짓말을 하거나 속이지 말고 떳떳하게 행동해라."

겸손하면서도 분명히 말하는
위엄 있는 태도

　　이제 인간의 사회적 성격과 태도에 관해서 말하고자 한다. 너는 세상에 대하여 어떻게 생각하고 있느냐? 그리고 세상에 대해서는 얼마나 알고 있느냐?

　　아무리 나이가 들어도 세상에 대한 공부를 멈춰서는 안 된다. 그런데 이상하게도 우리의 교육 시스템에서는 젊은이들에게 인생의 지혜를 가르쳐 주는 사람이 거의 없다. 어쩌면 학교는 가정에, 가정은 학교에 그 역할을 미루고 있기 때문인지도 모른다.

　　학교의 선생님이나 심지어 대학의 교수들까지도 자신의 전문분야를 가르칠 뿐, 그 밖의 것은 거의 가르치려 하지 않는다. 이 점은 부모도 마찬가지이다. 그중에는 자식을 사회에 내보내는 것이야말로 가장 좋은 세상 공부라고 생각하는 부모들도 있다.

　　물론 어떤 의미에서 보면 그러한 생각이 옳을 수도 있다. 세상일이라는 것이 이론만으로 되는 것은 아니기 때문이다. 하지만 젊은이들이 미로투성이인 사회에 발을 들여놓기 전에 그곳에 들어가 본 적이 있는 경험자가 지혜의 약도를 그려 건네주는 정도의 일은 해도 괜찮다고 생각한다.

위엄 있는 태도를 갖춰라

아무리 훌륭한 사람일지라도 타인으로부터 존경을 받기 위해서는 나름대로의 위엄을 갖추고 있어야 한다.

예를 들어 소란을 피운다거나 큰소리로 어리석게 웃고 수준 낮은 농담을 하며 무턱대고 붙임성을 보이는 등의 태도는 위엄 있는 모습이 아니다. 이러한 태도를 취하는 사람은 아무리 풍부한 지식을 갖춘 인격자라 할지라도 존경받지는 못한다. 오히려 업신여김을 당할지도 모른다.

무엇인가 한 가지를 잘한다는 이유만으로 어떤 단체에 받아들여지는 사람이 있다. 물론 쾌활한 것은 좋지만 지나치면 가벼워 보일 뿐이며, 무턱대고 붙임성이 있는 것도 '아첨꾼'이라거나 '꼭두각시'라는 험담을 듣게 된다. 그리고 기지와 재치가 없는 농담을 던지는 사람은 단순히 어릿광대 이상의 대접을 받을 수가 없다.

사람들은 흔히 이렇게 말한다.

"저 사람은 노래를 잘하고 춤도 잘 추니까 우리 팀에 끼워주자."

"농담을 잘하여 즐겁게 해주니 식사에 초대하자."

이런 말을 듣는 사람은 칭찬을 받는 것도 아니고 호감을 사는 것도 아니다. 적어도 정당한 평가를 받는 것은 아니고 특히 존경을 받는 것은 더더욱 아니다.

한 가지 이유만으로 사람들과 어울리게 된 사람은 그 특기 외에는 존재 가치가 없는 것이며, 그들이 다른 면을 인정해 주는 일도 없다. 따라서 아무리 장점이 있어도 그들에게 존경을 받지 못한다. 너는 이런 말을 들었을 때 절대 기뻐해서는 안 된다. 오히려 비방을 받은 것처럼 불쾌하게 느껴야 한다.

결론적으로 말해 자기 본래의 성격이나 태도와 관계없는 점들이 상대방의 마음에 들어 같은 동료로 받아들여지거나 인기가 있는 사람은 결코 존경을 받는 일이 없다. 적당히 이용당할 뿐이다.

위엄 있는 태도란 어떤 것인가

가볍지 않은 생활태도를 익혀라. 사람은 어느 정도 위엄을 갖춰야만 존경을 받을 수 있다. 위엄 있는 태도란 거만한 태도와는 다르다. 거만하게 구는 것은 용기가 아니며, 이것은 수준 낮은 농담이 재치가 아닌 것과 같다.

거만한 태도만큼 품위를 실추시키는 것도 없다. 거만한 인간의 자부심은 분노를 자아낼 뿐이며 또한 비웃음과 멸시를 받을 뿐이다. 이러한 태도는 물건에 터무니없이 비싼 값을 붙여 판매하려고 하는 장사꾼의 태도와 흡사하다. 그러한 장사꾼에게는 우리도 터무니없이 싼 값으로 에누리한다. 반대로 정당한 값을 부르는 장사꾼에게는 시비를 걸지 않는다.

위엄 있는 태도란 남의 비위를 맞추려고 아첨을 한다거나 분수를 모르고 여기저기 참견하는 것과는 거리가 멀다. 그리고 무엇이든 반대하는 것도, 시끄럽게 싸움을 거는 것도 위엄 있는 태도가 아니다.

겸손하면서도 자기 의견을 분명히 말하고 다른 사람의 말을 진지하게 듣는 태도가 바로 위엄 있는 태도이다. 여기에 얼굴 표정이나 동작에 엄숙한 분위기를 감돌게 하면 위엄이 있어 보인다. 물론 생동감 넘치는 재치나 활기와 고상함을 더한다면 금상첨화이다.

위엄이 자연스럽게 얼굴 표정으로 나타나는 일은 결코 쉬운 일이 아니다. 그것은 많은 노력과 수양을 필요로 한다.

LETTERS TO
HIS SON

---------- **Part.3** ----------

성공을 위한 마음가짐

시간을 잘 활용하면
원하는 것을 얻을 수 있다

　　돈이나 재물을 지혜롭게 쓸 줄 아는 사람을 찾기란 쉽지가 않다. 그리고 시간을 지혜롭게 쓸 줄 아는 사람을 찾기란 그보다 더 어렵다. 나는 네가 재물과 시간을 모두 지혜롭게 사용할 줄 아는 사람이 되기를 바란다.

　　젊었을 때는 '시간은 충분히 있다'고 생각하기 쉬운 법이다. 하지만 그것은 재산을 탕진하는 것보다 더 어리석은 짓으로 그것을 깨달았을 때에는 이미 모든 것이 늦어버린 경우가 많다. 윌리엄 3세와 앤 여왕, 조지 1세 시대에 걸쳐 이름을 떨쳤던 라운즈 재무대신은 이렇게 말하곤 하였다.

　　"1펜스를 우습게 여겨서는 안 된다. 1펜스를 비웃는 자는 1펜스 때문에 울게 된다."

　　그는 스스로 이를 실천하여 자손에게 막대한 유산을 남겨주었다.

　　마찬가지로 1분을 비웃는 자는 1분 때문에 울게 되는 법이다. 하루에 10분이나 20분이라도 헛되이 쓰지 않도록 해라. 그 시간들이 1년 동안 쌓이면 결코 적은 시간이 아니다.

자투리 시간이라도 공백의 시간으로 만들지 말아라. 시간을 잘 이용하면 원하는 것을 얻을 수 있다.

누군가를 기다리는 시간이나 이동하는 시간에는 편지를 쓰거나 책을 읽는 것이 좋다.

시간을 효율적으로 사용하면 시간을 절약할 수 있다. 최소한 하품이나 하면서 따분하게 보내지는 않을 것이다.

세상에는 시간을 질질 끌거나 요령 없이 시간을 흘려보내는 사람들이 너무 많다. 그러면서도 입으로는 '그 일을 할 만한 시간이 없어', '너무 바빠'라고 말한다.

그러나 그러한 사람들의 일상을 곰곰이 뜯어보면 그야말로 시간이 남아돈다는 것을 알 수 있다. 아무것도 하지 않은 채 빈둥거리며 보내는 시간이 너무도 많은 것이다. 그러한 사람들은 어떤 일을 하더라도 성공할 수 없다.

특히 네 나이에 한가롭게 시간을 보내는 것은 허락할 수가 없구나. 너는 이제 막 사회에 첫발을 내민 젊은이로서 매사에 적극적으로 근면하며 끈기 있는 자세로 하나하나 배워나가야 한다. 나중에 나이가 들어 정말로 힘이 없어졌을 때, 그때 가서 쉬어도 충분하다.

앞으로의 몇 년간은 네 일생에 있어서 아주 소중한 시기이다. 그러므로 한 순간도 소홀히 해서는 안 된다. 그렇다고 하루 종일 책상 앞에만 붙어 있으라는 것은 아니다. 그것을 권하고 싶은 마음도 없고 그렇게 해주었으면 좋겠다고 생각해 본 적도 없다. 다만, 무엇이든 좋으니 뭔가를 하고 있으라는 것이다.

'20~30분 정도는 괜찮겠지' 라고 생각하며, 자투리 시간에 아무것도 하지 않는다면 1년 후에는 엄청난 손실을 보게 될 것이다.

예를 들어 하루를 보내는 동안 공부하는 시간과 노는 시간의 사이처럼 짧은 빈 시간이 몇 번은 찾아오게 될 것이다. 이때, 우두커니 앉아 하품이나 하고 있어서는 안 된다. 어떤 책이든 상관없으니 가까이에 있는 것을 집어들고 읽도록 해라. 에세이처럼 가벼운 책일지라도 읽지 않는 것보다는 읽는 편이 훨씬 더 낫다.

자투리 시간이라도 최대로 활용해라

내가 아는 사람 중에 아무리 짧은 시간도 헛되지 않게 사용하는 이가 있다. 그 사람은 화장실에 들어갈 때마다 고대 로마 시인의 작품을 조금씩 읽기 시작해 마침내 독파해 버렸다고 한다.

예를 들어 호라티우스를 읽고 싶다면 그 시집을 문고판으로 구입하여 화장실에 갈 때마다 두 페이지씩 찢어가지고 들어가 화장실에서 읽는다. 그리고 다 읽은 종이는 그대로 크로아카 여신에게 제물로 바친다. 다시 말해 내버리고 오는 것이다. 이것은 분명 상당한 시간 절약이다.

짧은 시간을 충분히 활용하면 1, 2년이 지났을 때 커다란 변화를 느끼게 될 것이다. '티끌 모아 태산'이라는 말처럼 하루에 몇 페이지의 책이라도 읽어보아라. 1년 후에는 몇 권의 책을 읽게 될 것이다. 그러나 짧은 시간이라고 해서 아무것도 하지 않으며 헛되이 보내 버린다면 나중에 되찾으려 해도 찾을 수가 없다. 한 번 흘러간 시간은 되돌아오지 않는 법이다. 순간순간을 뜻있게 활용하기 바란다.

시간을 지혜롭게 활용하는 방법 중의 하나는 일의 우선순위를 정해 처리하는 것이다.

일반적인 비즈니스에는 사람들이 통상적으로 생각하고 있는 탁월한 능력이나 특수한 재능은 필요 없다. 일의 순서와 부지런함과 명석한 분별력이 있다면 재능만 있고 질서가 없는 사람보다 훨씬 훌륭하게 일을 처리할 수 있다.

네가 사회인으로서 한 걸음 내디딘 지금, 한시라도 빨리 계획을 세워 일을 진행시키는 습관을 길러야 한다. 일의 순서를 정하고 그것에 따라 일을 진행하는 것이야말로 일을 능률적으로 완성하는 가장 바람직한 자세이다.

모든 일에 순서를 정해라. 그렇게 하면 시간이 얼마나 효율적으로 절약되는지, 얼마만큼 일이 빠르게 진척되는지를 경험하게 될 것이다.

말버러 공작을 떠올려 보거라. 그는 단 1초도 허비하지 않은 인물로 유명한데, 그 결과 같은 시간 동안 보통 사람들보다 몇 배나 되는 일을 처리해 냈다고 한다.

영국의 수상을 지낸 로버트 월폴은 다른 사람보다 열 배나 많은 일을 하면서도 당황하거나 일처리가 늦어진 적이 없었다. 왜냐하면 일을 하는 순서가 미리 정해져 있었기 때문이다.

제 아무리 능력을 갖춘 인물일지라도 순서를 정하지 않고 일을 하면 머릿속이 혼란해져 마침내 도중에서 포기하고 말 것이다.

일을 하는 방법과 순서를 모색해라. 계획을 세워놓고 일하는 것이 얼마나 편리하고 능률적인가를 알게 될 것이다.

"시간을 지혜롭게 활용하는 방법 중의 하나는
일의 우선순위를 정해 처리하는 것이다."

지혜롭게 놀면서
자신을 발전시켜라

마음껏 놀고 즐기며 젊음을 발산하는 것은 그야말로 젊은이의 특권이라고 할 수 있다. 하지만 그 특권을 남용하면 곤란하다. 젊음이라는 돛을 올리고 즐거움을 찾아 출항하는 것은 상관없지만, 여기에는 몇 가지 전제조건이 따른다.

최소한 방향을 가늠할 나침반을 챙기고 키를 잡는 데 필요한 지식은 갖춰야 하는 것이다. 기본적인 자세마저 흐트러진다면 목적지인 참다운 즐거움에 도달할 수가 없다. 아마도 불명예스러운 상처를 입은 채 처음 출항했던 항구로 기진맥진하여 귀항하는 수밖에 없을 것이다.

그렇다고 금욕주의자가 되라거나 쾌락에 빠지면 안 된다고 설교하고 싶은 마음은 없다. 아니, 오히려 젊음을 마음껏 발산하여 즐겁게 놀라고 권하고 싶다. 다만 옳지 않은 항로는 절대로 택해서는 안 된다는 것을 말해주고 싶구나.

너는 어떤 일에서 즐거움을 찾고 있는지 궁금하구나.

마음이 맞는 친구와 큰돈을 걸지 않고 절도 있는 카드놀이를 할까?

명랑하고 품위 있는 사람들과 함께 식사를 할까? 함께 있음으로써 배울 것이 많은 사람들과 교제하려는 노력을 하고 있을까?

나는 너의 즐거움을 하나하나 검열하고자 묻는 것이 아니다. 다만 먼저 인생을 살아본 경험자로서 건전하게 노는 법을 가르쳐 주고 싶을 뿐이다.

무절제한 즐거움의 함정

젊은이들은 자칫 잘못하면 자신의 기호와 상관없이 겉으로 보이는 즐거움만을 선택하기 쉽다. 심지어 무절제가 바로 놀이의 본질이라고 착각하는 젊은이도 있다.

너는 어떠한가? 가령 몸을 가누지 못할 정도로 술을 마셔 몸과 마음에 나쁜 영향을 끼치도록 하는 것을 두고 즐거움이라고 생각하는가?

또는 한 달 용돈을 한꺼번에 날려버릴 정도로 큰돈을 걸어 도박을 하고 그것도 모자라 친구에게 돈을 빌려서까지 카드에 빠져드는 것이 재미있는 놀이라고 생각하는가?

아니면 여자의 뒤꽁무니를 따라다니거나 무분별한 성관계를 맺는 것도 삶의 즐거움이라고 생각하는가?

이런 것은 모두 가치가 없는 놀이이다. 그런데도 그렇게 가치 없는 놀이가 많은 젊은이들의 마음을 사로잡고 있다는 것은 남들이 오락이라고 부르는 것을 무분별하게 그대로 받아들이기 때문이다.

네 나이에 놀이에 빠져드는 것은 당연한 일인 만큼 대상을 잘못 선택하거나 잘못된 방향으로 빠져들 염려도 크다. '놀기 잘하는 한량'이 멋지게 보일 수도 있겠지만, 그들의 종착역이 어디인지 알면서도 무절제를 되풀이하고 있지는 않은가?

어떤 젊은이가 멋진 한량이 되어보겠다는 생각에 몰리에르 원작의 번역극 〈타락한 방탕자〉를 보러 갔다. 주인공의 방탕한 행각에 매료된 젊은이는 자기도 '타락한 방탕자'가 되기로 결심하였다. 친구들 몇 사람이 '타락한'은 그만두고 '방탕자'만으로 만족하는 것이 어떻겠느냐고 설득해 보았지만 그는 의기양양하게 이렇게 말했다.

"안 돼, '방탕자'만으로는 안 된단 말이야. '타락한'이 붙어 있지 않으면 완전한 방탕자가 될 수 없단 말이야."

한심하다는 생각이 들지도 모르지만, 사실 이것이 많은 젊은이들이 처한 현실의 모습이다. 겉치레의 즐거움에만 사로잡혀 스스로를 돌아볼 여유도 없이 닥치는 대로 뛰어들다 보면 마침내는 정말로 '타락해' 버리고 마는 것이다.

다시금 돌이켜보기 싫은 추억이지만 너에게 조금이라도 도움이 될까 하여 나의 경험을 들려 주려 한다. 나 또한 내 기호와 상관없이 한때 '놀기 잘하는 한량'으로 보이는 것에 가치를 둔 어리석은 젊은이 중의 하나였다. 본래 좋아하지도 않는 술을 '놀기 잘하는 한량'으로 보이기 위해 진탕 마셔댔고 숙취를 느끼면서도 또다시 술을 마시는 악순환을 반복하곤 하였다.

도박도 마찬가지였다. 도박을 하는 것이 남자다운 것이라고 믿었기에 분별없이 뛰어들긴 했지만 본래 그것을 좋아하는 성격은 아니었다. 그렇게 진정한 내 모습이 아닌 껍데기의 삶을 몇 년이나 지속한 결과로 내 자신의 참다운 즐거움을 경험하지 못했다. 비록 길지 않은 기간이었지만 모순된 인간상에 가까이 다가가기 위해 겉치레로 꾸며댔으니 참으로 어리석은 노릇이라고 할 수 있다. 나중에 나의 삶이 잘못된 방향으로 가고 있다는 것을 깨닫고 일체 중지를 하였지만 일종의 유행병처럼 형식만의 놀이에 빠져 있던 나는 그 대가로 진정한 즐거움을 빼앗기고 말았다.

내가 지니고 있던 재산이 줄었으며 건강도 해쳤다. 이 모두가 하늘이 내린 벌이라고 생각하고 이제야 겸허히 뉘우치고 있다.

진정으로 즐길 수 있는 놀이를 택하라

너는 내 어리석은 경험에서 무엇을 깨달았을까? 나는 네가 너 스스로 즐거움을 선택할 수 있기를 진심으로 바라고 있다. 결코 다른 사람들을 모방할 필요는 없다.

우선 지금 네가 즐기고 있는 놀이를 생각해 보아라. 그 놀이를 계속

해도 될 것인지, 문제가 없는지 검토해 보지 않으면 안 된다.

그런 다음 현명한 판단을 내리도록 해라.

친구와 술을 마시거나 식사를 하는 것이 즐겁다면 그것을 즐겨라. 하지만 과음이나 과식으로 인해 괴로움을 당하지 않을 정도로 절제해야 한다.

물론 20세까지는 굳이 남을 의식하여 개성을 죽이거나 자신의 기호를 억제할 필요는 없다. '나는 나'이고 '남은 남'이다. 하지만 건강만큼은 분명하게 컨트롤해야 한다.

도박이 즐겁다면 그것도 즐겨라. 그러나 내기에 거는 돈의 액수는 신중하게 결정해야 한다. 적어도 생활에 지장을 주지 않을 정도의 범위 안에서만 해야 하는 것이다.

물론 도박판에서 이성을 잃고 싸움을 하거나 욕지거리를 내뱉는 일은 절대로 해서는 안 된다.

독서에도 시간을 할애해야 한다. 분별 있는 교양인과 대화하기 위한 시간도 남겨두어라. 대화 상대는 가능하면 너보다 뛰어난 사람이 좋다.

사교계의 사람들과 교류하는 것도 좋다. 대화의 내용은 그다지 건설적이지 않을 수도 있지만, 그들과 함께 있으면 삶의 활력을 찾을 수도 있고 특히 그들의 태도를 보고 배울 점이 있을 것이다.

참된 즐거움을 알고 있는 사람은 도박 때문에 스스로를 망치는 일이 결코 없다.

늘 술에 취해 말썽을 피우는 사람과 친하게 지내고 싶어 하는 사람은 없다. 지불하지도 못할 큰돈을 내기에 걸고 머리털을 쥐어뜯으며 상대에게 입에 담기 힘든 욕을 퍼붓는 사람과 가까이 지내고자 하는 사람은 없으며, 방탕한 생활로 몹쓸 병에 걸려 건강을 잃은 사람과 교제하고자 하는 사람도 없다.

참된 놀이를 알고 있는 사람은 품위를 잃지 않는다. 적어도 악덕을 모범으로 삼거나 악을 따르는 일은 없다.

아들아, 너는 진정한 놀이에 대해 깊이 생각해보고 또 네가 좋아하는 놀이를 찾아내 그것을 충분히 즐겨라. 하지만 결코 타인을 모방하거나 흉내낼 필요는 없다.

어떠한 놀이건 올바로 파악해서 인생을 허비하는 일이 없길 바란다.

일과 놀이에 대한
균형을 유지하라

아들아, 참다운 놀이로 인생을 마음껏 즐긴다는 것은 좋은 일이다. 그렇지만 다른 사람의 흉내를 내서는 안 된다.

어떤 일이든 이것저것 닥치는 대로 손을 대는 사람은 그 일에서 아무런 기쁨도 느낄 수 없다. 진정으로 기쁨을 느끼기 위해서는 일에 몰두해야만 한다. 고된 노동 뒤의 휴식이 달콤하듯이 최선을 다해 일을 해야만 진정한 보람과 기쁨을 느끼게 되는 것이다.

그런 의미에서 아테네의 장군이자 정치가인 알키비아데스는 진정으로 유희를 즐길 줄 아는 사람이었다. 그는 온갖 방탕한 짓은 다 했지만, 철학이나 일에 대해서는 정확하게 많은 시간을 할애하여 우리로 하여금 또 다른 면모를 읽게 한다.

줄리어스 시저 역시 일과 놀이를 적절히 구분하여 행동함으로써 역사적으로 그 위대함을 인정받고 있다. 실제로 로마에 사는 수많은 여성들이 그를 사모했지만 그는 자신이 진정으로 사랑하는 여인에게

서만 사랑의 기쁨을 느낄 수 있는 사나이였다.

그는 일생 동안 훌륭한 학자로서의 지위를 쌓았고 웅변가이자 지도자로서 로마 최고라는 찬사를 받았다.

삶이란 어느 하나에만 치우치면 그 진정한 의미를 느낄 수도 없을 뿐더러 즐거움도 없다. 열심히 일을 해야만 휴식의 기쁨을 알듯이 일과 놀이는 적절히 안배되어야 하는 것이다.

흔히 스스로를 돌아볼 줄 모르는 사람은 쾌락만을 추구하고 품위가 없는 놀이에 몸을 망치는 경우가 많다.

반면, 자기 자신을 돌아볼 줄 아는 사람은 보다 자연스러운 놀이, 그리고 최소한의 품위를 잃지 않을 놀이에서 즐거움을 찾는다. 양식 있는 사람들은 놀이 자체가 목적이 되어서는 안 된다는 사실을 알고 있다.

놀이라는 것은 단지 한숨 돌려 편안히 쉬는 일이며 위로이며, 포상에 불과하다는 사실을 그들은 알고 있기 때문이다.

아침에는 책으로 배우고 저녁에는 사람으로 배워라

일과 놀이에 대해서는 명확하게 시간을 구분해 두는 것이 좋다.

공부나 일, 지식인이나 명사와 함께 앉아 대화하는 것은 아침 무렵이 좋다. 그러나 저녁은 휴식 시간이므로 특별히 다급한 일이 없는 한 좋아하는 것을 즐기며 충분히 쉬는 것이 바람직하다.

연극을 관람하는 것도 좋고 음악회도 좋다. 춤도 좋고 다정한 친구와의 담소도 좋다. 틀림없이 만족스러운 저녁 시간을 보낼 수 있을 것이다. 하지만 함께 하는 사람들은 반드시 절도 있고 품위 있는 상대여야 한다.

아침에는 공부, 저녁에는 놀이로 시간을 구분하여 활용한다면 훌륭한 사회인으로 인정받을 수 있을 것이다. 오전 내내 집중하여 착실하게 공부한다면 1년 후에는 상당한 지식을 얻을 수 있을 것이며, 저녁의 교제는 너에게 또 다른 지식, 즉 세상에 대한 지식을 깨닫는 시간이 될 것이다. 아침에는 책으로부터 배우고 저녁에는 사람으로부터 배우도록 해라. 이것을 실천한다면 더 이상 한가하게 있을 시간은 없다.

나도 젊었을 때는 참으로 잘 놀았고 여러 분야의 사람들과 자주 어울렸다. 나만큼 그러한 일에 시간과 노력을 아끼지 않은 사람도 드물 것이다. 때로는 지나친 감도 없지 않았지만 그래도 어떻게 해서든 공부하는 시간만은 반드시 만들었다. 좀처럼 시간을 낼 수 없을 경우에는 잠자는 시간을 줄였고 병이 났을 때를 제외하고는 벌써 40년 이상이나 그러한 습관을 계속하고 있다.

지금까지 인생을 돌아보면서 이것만큼은 정말 잘한 일이라고 생각한다. 너도 일찍 일어나 생산적인 일에 아침 시간을 사용하는 습관을 지녔으면 좋겠구나.

물론 나처럼 하라고 강요하는 것은 아니다. 다만 너의 라이프스타일을 구축하고 그것을 습관화하라고 권하고 싶다.

"열심히 일을 해야만 휴식의 기쁨을 알듯이
일과 놀이는 적절히 안배되어야 하는 것이다."

한 가지 일에
온 힘을 다 기울여라

얼마 전 하트 씨의 편지를 받았는데, 네가 열심히 생활하고 있다는 소식을 전해왔다. 그 편지를 보고 얼마나 기뻤는지 모른다. 만약 네가 생활 속에서 충실한 기쁨을 느끼지 못한다는 소식을 들었다면 나는 정말 크게 실망했을 것이다. 만족감과 자부심이 없는 상태에서는 공부에 열중하기 어렵기 때문이다.

하트 씨의 말에 따르면 네가 공부를 열심히 한다더구나. 면학 태도도 잘 잡혔고 이해력과 응용력도 향상되었다며 칭찬을 아끼지 않았다. 지금만큼만 한다면 즐거운 생활이 계속될 거라고 생각한다. 노력하면 할수록 너의 즐거움은 점점 배가될 게 틀림없다.

남들의 평가보다 중요한 것은 스스로 만족감과 기쁨을 느끼냐의 여부이다. 어떤 일에서든 만족감이나 자부심이 있어야만 그 일에 열중할 수 있기 때문이다.

너에게 항상 당부하는 말이지만 어떤 것이든 무언가를 할 때에는 오로지 그 일에만 집중하는 것이 중요하다. 그밖에 다른 일을 생각해서는 안 된다. 일이나 공부뿐만 아니라 노는 것도 마찬가지이다.

어떤 일이든 열심히 하지 않는 사람은 진보도 하지 못하고 만족감도 얻지 못하는 법이다. 그때그때의 대상이나 상황에 마음을 집중하지 못하는 사람이나 한 가지에 열중하지 못하고 산만하게 이것저것 생각하는 사람은 어떤 것도 제대로 해낼 수 없다.

파티나 회식 자리에서 누군가가 머릿속으로 유클리드 문제를 풀려한다고 생각해 보아라. 그런 사람은 그 자리를 즐기지도 못할 것이며 다른 사람들 역시 그와의 대화가 즐겁지 않을 것이다. 또한 서재에서 어떤 수학 문제를 풀려고 하다가 갑자기 미뉴에트 음악을 떠올리는 사람을 상상해 보아라. 공부가 제대로 될 리 없을 것이다.

한 번에 하나만 집중하라

한 번에 한 가지 일에 집중하면 시간을 충분히 활용하면서 하루 동안에 여러 가지 일을 해낼 수 있다. 그러나 한 번에 두 가지 이상의 일을 처리하고자 하면 1년이 주어져도 시간이 모자라는 법이다.

법률 고문이었던 드 위트는 정치적으로 바쁜 일정에 쫓기면서도 저녁 모임에도 참석하고 여러 사람들과 식사를 할 시간도 충분히 냈다고 한다. 그렇게 많은 일을 처리하면서 어떻게 저녁마다 사람들을 만나러

다닐 시간이 있느냐는 질문을 받았을 때, 그는 이렇게 대답했다고 한다.

"별로 어려운 일이 아닙니다. 한 번에 한 가지 일만 하면 됩니다. 그리고 오늘 할 수 있는 일은 절대로 내일까지 미루지 않지요. 이것이 내가 시간을 효율적으로 사용하는 방법입니다."

다른 일에 정신을 빼앗기지 않고 오로지 한 가지 일에만 확실히 집중할 수 있는 능력은 대단한 것이다. 사람이란 집중력을 발휘할 때에 천재성이 드러나는 법이다. 반대로 침착하지 못하고 정신을 집중시키지 못하는 사람은 어떤 일도 제대로 이뤄내지 못한다.

네가 매일매일 하루를 되돌아보면서 '오늘은 이만큼의 일을 해냈다'라고 자신 있게 말할 수 있었으면 좋겠다.

우리 주변에는 하루 종일 분주하게 보냈지만, 막상 잠자리에 들어 하루를 돌이켜보면 아무것도 한 일이 없다고 말하는 사람도 많다. 이러한 사람들은 두세 시간 동안 독서를 했어도 그저 활자를 따라 눈을 움직였을 뿐, 두뇌는 거기에 없는 경우가 많다. 따라서 나중에는 아무리 생각해 보아도 무엇을 읽었는지 기억나지 않고 내용을 논할 수도 없다.

또한 누군가와 만나서 대화를 나눌 때에도 대화 내용에 집중하지 않는 것은 물론이고 적극적으로 대화에 참여하려고 하지 않는다. 특히 말하고 있는 상대방을 관찰하는 일도 없고 대화 내용을 정확히 파악하는 일도 없다. 몸은 그 자리에 있으되 머릿속으로는 그 자리와 관계없는 일, 쓸데없는 일을 떠올리고 있는 것이다. 어쩌면 아무 생각이 없는지도 모른다.

그리고 뭔가 질문을 받으면, "제대로 듣지 못했네. 다시 한 번 말해 주겠어?"라거나 "다른 일에 정신을 빼앗겨서……"라고 얼버무리며 체면을 세우려 한다.

일이든 놀이든 현재에 집중하라

대화를 할 때에는 상대방에게 집중하고, 공부할 때에도 마찬가지로 정신을 집중하라.

어리석은 사람들이 흔히 말하듯 "다른 일을 생각하느라 잘 알아듣지 못했습니다"라는 말로써 얼버무리려 해서는 안 된다.

다른 일에 신경을 쓰려면 무엇하러 상대방을 만난단 말인가. 만남을 가졌을 때에는 그 의미와 목적이 있었던 것이 아닐까? 결국 그들은 '다른 일'을 생각하고 있었던 것이 아니라 아무것도 생각하지 않고 있었던 셈이다.

이러한 사람들은 일에는 물론이고 놀이에도 집중하지 않는다. 마음이 심란하여 일을 할 수 없으면 놀이를 즐기면 될 텐데 그것도 하지 못한다. 반대로 놀이에 흥미가 없으면 일을 하면 되지만, 그렇게 하지도 않는다. 그러면서 이들은 놀이 친구와 함께 있으면 자신도 놀고 있는 것으로 착각하며, 끝내야 할 일이 있으면 그것만으로도 자신은 일을 하고 있다고 여긴다. 어떤 일이든 이왕 하려거든 열심히 해야 한다. 어중간하게 하려면 하지 않는 편이 낫다. 눈앞에서 일어나고 있는 일은 하나도 빠짐없이 정확하게 보고 듣고 익힌다는 자세가 중요하다. 집중하는 자세는 모든 일에 우선적으로 필요한 요소이다.

예를 들어 호라티우스의 작품을 읽을 때는 책에 담긴 내용의 옳고 그름을 판단하며 읽고, 좋은 표현과 아름다운 시의 감흥을 충분히 맛볼 수 있어야 한다. 건성으로 작품을 읽는다거나 다른 것에 정신이 팔려서는 안 된다. 책을 읽을 때 놀이를 생각하면 안 되듯이, 놀면서는 공부 생각을 하지 마라. 지금 하는 일에 열중하는 것이 시간을 아끼는 최선의 길이다.

"어떤 일이든 이왕 하려거든 열심히 해야 한다.
어중간하게 하려면 하지 않는 편이 낫다."

인생의 지혜와
가치 있는 돈

아들아, 이제 너도 성년의 나이에 접어들었으므로 앞으로는 너에게 어떻게 돈을 보낼 계획인가를 설명해 주겠다. 그러면 너도 돈을 쓸 계획을 세우기가 쉬워질 것이다.

너는 공부에 필요한 돈이나 교제에 들어가는 돈을 아낄 필요는 없다. 여기서 말하는 공부에 필요한 돈이란 필요한 책을 사는 돈과 우수한 선생에게 배우는 돈을 말한다. 이 가운데는 여행지에서 드는 숙박비와 교통비, 의류비, 가이드 비용 등이 포함된다.

교제에 들어가는 비용이란 즉 건전한 교제에 따르는 비용, 공연의 관람비나 유희 비용, 가벼운 오락이나 게임에 드는 비용, 그리고 기타 비상금을 의미할 것이다. 또한 불쌍한 사람들을 위한 자선 비용도 좋은 일이며 신세를 진 사람들에 대한 사례나 앞으로 신세를 지게 될 사람들을 위한 선물 비용도 바람직하다.

하지만 불명예스러운 다툼으로 인하여 필요해진 돈이나 게으름, 사치로 인해 들어가는 돈은 보내지 않겠다.

현명한 사람은 자신의 명예를 손상시키는 일이나 자신에게 도움이 되지 않는 일에는 결코 돈을 쓰지 않는다. 그러한 일에 돈을 쓰는 사람은 어리석은 것이다. 지혜로운 사람은 돈도 시간과 마찬가지로 헛되이 쓰지 않는다. 자신이나 다른 사람들을 위해 도움이 되는 것, 지적인 기쁨을 얻을 수 있는 일에 돈을 쓸 뿐이다.

그런데 어리석은 인간은 필요하지 않은 일에 돈을 쓰고 정작 필요한 일에는 돈을 쓰지 않는다.

예를 들면 담뱃갑이나 시계, 지팡이 등 쓸모없는 잡동사니는 잘 사들이면서 마음의 양식이 되는 책이나 기타 문화적인 상품은 구입하지 않는 것이다.

돈이 아무리 많이 있어도 금전철학을 가지고 세심한 주의를 기울여 사용하지 않으면 최소한으로 필요한 물건조차 살 수 없게 되어 버리는 법이다. 반대로 아주 적은 돈밖에 없어도 나름대로의 금전철학을 가지고 신중하게 사용하면 최소한의 것은 구입할 수 있다.

돈을 지불할 때에는 현금으로 지불하는 것이 좋다. 그것도 누군가를 통해서가 아니라 네가 직접 지불해야 한다. 다른 사람을 통하게 되면 수수료나 사례금을 지불해야 하기 때문이다.

물건을 구입할 때에는 필요하지도 않은데 그저 싸다는 이유만으로 구입하는 일이 없도록 해라. 그런 것은 절대로 절약이라고 할 수 없다. 오히려 낭비일 뿐이다. 또한 필요하지도 않은데 자존심을 만족시키기 위해 물건을 사는 것도 좋지 않다.

네가 구입한 것과 지불한 대금은 반드시 금전출납부에 기록하도록
해라. 돈의 출납을 파악하고 있으면 경제파탄을 당하는 일은 없을 것
이다. 그렇다고 교통비나 오페라를 보러 가서 사용한 푼돈까지 기입
할 필요는 없다.

항상 자기 분수를 지키고 자만하지 마라

현명한 사람은 사물을 실물 크기 그대로 파악할 수 있지만 어리석
은 사람은 사물을 있는 그대로 파악하는 일이 불가능하다. 그리하여
어떤 것을 보든 마치 현미경으로 들여다보고 있는 것처럼 크게 본다.
벼룩도 코끼리로 보는 것이다. 단순히 작은 것이 크게 보이는 것이라
면 그래도 괜찮지만 너무 지나치게 확대되어 보이지 않게 되어 버리
는 경우도 있다.

몇 푼 안 되는 돈을 인색하게 아껴 그로 인해 싸움까지 하는 사람이
그 좋은 예이다. 그러면서도 그러한 행동 때문에 수전노라고 불리고
있다는 것을 알지 못한다. 이러한 사람들은 특히 가까운 곳에 있는 '소
중한 것'을 알아보지 못한다.

건전하고 견실한 영혼을 가진 사람은 어디까지가 자신의 손이 미
치는 범위이고 어디부터가 손이 닿지 않는 범위인지 잘 알고 있다.

그런데 그 경계선은 너무 가늘어 분별력을 가지고 찾아내지 않으면 쉽게 보이지 않는다. 너에게는 그러한 분별력이 있으리라 믿는다. 그 경계선을 항상 유의하기 바란다.

'자기의 분수에 맞게'라는 말이 있다. 분수에 맞는 행동이란 어떤 행위를 하고자 할 때 그 행위에 걸맞은 능력을 가지고 있는지 헤아린 다음 행동해야 한다는 뜻이다.

자만하여 제 분수를 모르는 섣부른 사람은 우리 주변에도 흔히 있기 마련이다.

항상 자기 분수를 알고 그에 걸맞게 능력을 발휘하는 사람이 역사에 찬란한 족적을 남긴다는 것을 명심하기 바란다.

LETTERS TO HIS SON

Part.4

성공을 위한 삶의 태도

역사를 알아야
미래를 볼 수 있다

네가 역사에 관심을 갖고, 또 역사를 나름대로 정확하게 평가하려는 점은 참으로 훌륭하구나. 무엇보다도 기쁜 것은 책을 읽고 줄거리만 파악하는 것에서 끝나지 않고 그 내용에 관해 깊이 있게 고민했다는 점이다.

독서를 할 때에는 내용 그 자체를 받아들이는 것도 중요하지만 그 내용에 나름대로의 사고를 가미하여 깊이 생각해 보는 자세도 필요하다. 하지만 자기 스스로 판단하지 않고 글의 내용을 줄줄이 머릿속에 집어넣기만 하는 사람들도 많이 있다. 그렇게 하다 보면 머릿속은 온통 잡동사니로 가득 찬 창고처럼 필요 없는 정보로 넘쳐 필요한 지식을 알맞은 때 바로 꺼내 쓸 수가 없다.

역사를 고찰하는 방법

책 읽는 방법도 습관이다. 너는 지금 하고 있는 식으로 계속해 주기 바란다. 지은이의 명성만 믿고 책 내용을 있는 그대로 받아들이지 말고 내용이 얼마나 정확한지, 지은이의 고찰이 얼마나 명확한지를 스스로 판단하기를 바란다. 가능하다면 한 가지의 역사적 사실에 대해서도 몇 권의 책을 조사하고 그것으로부터 얻어낸 정보를 종합하여 자신의 의견을 생각해 보는 것이 좋다. 사실 역사적 진실까지는 알 수 없으므로 우리가 역사를 고찰하는 방법은 거기까지가 한계이다.

역사책을 읽다 보면 역사적인 사건의 동기나 원인이 기록되어 있는 경우도 있는데 그것을 곧이곧대로 믿어서는 안 된다. 그 사건과 관련된 인물의 사고방식이나 이해관계를 고려한 다음 지은이의 고찰이 옳은지, 그밖에 다른 가능성은 없는지 등을 스스로 생각해 보는 일이 중요하다.

설사 비굴하거나 자질구레한 동기일지라도 무시해서는 안 된다. 왜냐하면 인간이란 복잡한 모순투성이의 생명체이기 때문이다.

감정은 격렬하게 변하기 쉽고 의지는 허약하며 마음은 몸의 건강 상태에 따라 좌우되는 것이다. 한마디로 말해 인간은 한결같은 것이 아니라 상황에 따라 변화하는 존재이다.

아무리 뛰어난 인간일지라도 허술한 구석이 있고, 하찮은 인간일지라도 뛰어난 구석이 있다. 또한 아무짝에도 쓸모없는 인간일지라도 어딘가 장점은 있고, 예기치 못하게 훌륭한 일을 해낼 때도 있다. 그것이 바로 인간이다.

그럼에도 불구하고 사람들은 흔히 역사적 사건의 원인을 밝힐 때, 좀 더 높은 차원의 동기를 찾고자 하는 경향이 있다. 하지만 역사적 사실은 그것과 다를지도 모른다. 예를 들어 루터의 종교개혁이 좌절된 이유는 루터의 금전욕에서 비롯된 것일 수도 있는 것이다.

그러나 역사학자들은 보통 역사적인 커다란 사건뿐만 아니라 사소한 사건에까지 깊은 정치적 동기가 있는 것처럼 기술한다. 이것은 참으로 안타까운 일이 아닐 수 없다.

역사 공부는 반드시 필요하고 스스로 분석, 판단해야 한다

인간은 모순투성이의 존재다. 인간의 행동이 언제나 자기가 갖고 있는 우수한 면에 따라 진행되는 것은 아니다. 현명한 인간이 때로는 바보스러운 일을 하는 경우도 있고 바보스러운 인간이 현명하게 처신할 때도 있는 법이다. 이처럼 모순된 행동을 지니고 있는 인간은 변화무쌍 그 자체이다. 그런데도 '가장 가능성이 많은 동기'라거나 '매듭짓기 좋은 동기'라는 이유에서 고상한 동기를 갖다 붙이는 것은 잘못된 생각이다.

로마의 황제 줄리어스 시저는 23인의 음모에 의해 살해되었다. 이

것은 의심할 여지가 없다. 하지만 그 23인의 음모자들이 과연 진정으로 자유를 사랑하고 로마를 사랑했기 때문에 시저를 죽였을까? 그것만이 원인일까? 적어도 그것이 주요한 원인일까?

만약 진상이 밝혀진다면 사건의 주모자인 브루투스조차, 예를 들어 자존심이나 시기심, 원한, 실망 따위의 여러 가지 개인적인 이유가 원인이라고 고백할지도 모르는 일이다. 어쩌면 그러한 이유가 어느 정도는 원인이지 않았을까?

가끔은 역사적 사실 그 자체까지도 의심스러운 경우가 있다. 최소한 그 사실과 결부되어 있는 역사적 배경에 의심이 가기도 한다.

어렵게 생각할 것 없다. 우리의 현재는 미래의 역사이므로 매일매일 자신이 경험하고 있는 것을 되돌아보면 충분히 깨달을 수 있는 문제이다. 아마도 역사라는 것이 얼마나 신빙성이 약한 것인지 쉽게 알 수 있을 것이다.

예를 들어 최근에 일어난 사건에 대해 몇 사람이 증언을 할 때 그들이 하는 말이 완전히 일치하는가? 물론 다를 것이다. 잘못 생각하고 있는 사람도 있고 증언할 때 언동이 달라지는 사람도 있다. 또한 진실을 증언하는 사람도 있고 마음이 변해 사실을 왜곡시켜 말하는 사람도 있을 것이다. 그리고 서기들도 반드시 공정하게 기록할 것이라고는 믿을 수가 없다.

그런 의미에서 볼 때, 역사학자가 공정하게 기록했는지 아닌지도 의심의 대상이 될 수 있다. 그러므로 역사학자의 이름으로 서술된 모든 내용을 무조건 수용하는 것은 금물이다. 어디까지나 스스로 분석하고 판단해야 한다.

물론 만인이 인정하는 역사적 사실이라는 것도 존재하므로 역사 공부는 반드시 필요하다.

여러 역사책을 살펴보면 시저의 망령이 브루투스 앞에 나타났다고 하는 기록이 있다. 물론 이런 것은 믿기 어려운 일이지만 그러한 내용이 있다는 사실조차 전혀 모른다는 것은 부끄러운 일이다.

아무리 역사에 대해 회의적인 감정을 지니고 있더라도 이처럼 상식화한 것들은 제대로 배울 필요가 있다. 아니, 오히려 역사는 인간이 살아나가는 데 있어서 그 어떤 학문보다 필요한 것이다.

과거의 잣대로 현재를 재지 마라

다만 과거의 잣대로 현재를 재지는 말아라. 단정적으로 과거에도 그랬으니까 현재도 그렇다고 말해서는 안 된다. 과거의 예를 인용하여 현재의 문제를 검토하는 것은 좋지만, 그렇게 하려면 신중을 기하지 않으면 안 된다. 아무리 발버둥쳐도 과거 사건의 진상 따위는 알 도리가 없다. 기껏해야 추측이 고작이다. 무엇이 원인인지를 알 도리가 없다. 과거의 증언은 현재의 증언에 비하면 더더욱 애매한 법이다. 뿐만 아니라 시대가 오래되면 될수록 신빙성도 희박해지는 것을 면할 수는 없다.

그런데 위대한 학자들 중에는 단지 비슷하다는 이유만으로 아무 대책도 없이 과거의 사례를 함부로 인용하는 사람이 있다. 이것은 어리석은 짓이다. 천지 창조 이래 이 세상에는 똑같은 사건이 일어난 예가 없다. 게다가 어떠한 역사가라 하더라도 사건의 전모를 기록한 사람은 없으므로(전모를 파악한 사람조차 없을 것이다) 그것을 근거로 한 논쟁 따위는 무의미한 것이다.

그렇기 때문에 옛 학자가 기록했다는 이유만으로 인용해서는 안 된다. 현상은 하나하나가 서로 다르므로 개별적으로 논해야 한다. 비슷한 예를 참고로 하는 것은 좋지만 어디까지나 참고로 그쳐야지, 그것을 판단의 근거로 삼아서는 안 되는 것이다.

역사공부를
어떻게 할 것인가

　　다시 한 번 말하지만 역사를 공부하는 것은 매우 중요한 일이다. 널리 알려진 역사적 사건을 공부할 때는 권위 있고 유명한 역사학자의 책을 읽거나 그 책의 내용이 실제 사실과 얼마나 일치하는가의 문제를 떠나서 우선 역사 지식을 쌓는 게 필요하다.

　　여기서 중요한 것이 바로 역사의 공부 방법이다.

　　역사 공부는 어떻게 하는 것이 좋을까? 어떤 사람은 시간과 노력을 절약하기 위해서 역사적으로 커다란 사건을 중심으로 공부를 하고 나머지 내용들은 대충 훑어보는 식의 융통성 있는 방법을 택하고, 어떤 사람은 크고 작은 것을 가리지 않고 똑같은 비중으로 공부하는 방법을 선택한다.

　　그러나 나는 다른 방법을 권하고 싶다.

　　먼저 국가별로 간단한 역사책을 읽어 대략적인 개요를 파악한다. 그와 병행하여 특히 중요한 요점, 예를 들면 누가 어디를 정복했다거나 왕이 바뀌었다거나 정치형태가 바뀌었다는 등의 중요한 부분들을 뽑아낸다. 그렇게 뽑아낸 사항들에 대해 자세히 기록된 논문이나 책을 읽고 철저히 공부한다.

이때, 깊이 있게 통찰하는 것이 무엇보다 중요하며 그 원인들을 찾아내 그것이 무엇을 야기했는가를 생각해 보는 것도 의미 있는 일이다. 곧 사건의 원인을 따져보고 그 사건이 어떤 결과를 낳았는지 진지하게 헤아려볼 줄 알아야 한다.

책과 사람에게서 배워라

예를 들어 프랑스의 역사에 대해서는 짧지만 잘 기록된 르 장드르의 역사서가 있다. 그것을 정확히 읽으면 프랑스 역사를 어느 정도 알게 될 것이다. 그런 다음 역사적으로 중요한 포인트를 짚어내고자 한다면 메제레이의 역사책이 도움이 될 것이다. 그밖에도 연대별, 혹은 중요 사건별로 자세히 기술하고 있는 역사서나 정치적 관념에서 기록된 논문 등 참고가 되는 자료들은 얼마든지 존재한다.

근대의 역사를 살펴보고자 한다면, 필립 드 코미느의 회고록을 비롯하여 루이 14세 때에 씌어진 역사서들이 많이 나와 있다. 그들 책 중에서 적당하게 선택하여 읽으면 한 시대와 사건에 대해 입체적으로 알 수 있을 것이다.

그밖에도 프랑스에서 여러 계층의 사람들과 이야기할 기회가 주어
졌을 때, 만약 역사처럼 딱딱한 이야기를 능란하게 화제에 올릴 만한
기량이 있다면 그것을 시도해 보는 것도 한 가지 방법이다.

특히 현지인들과의 대화를 통해 얻게 된 지식들은 책에서 얻을 수
없는 또 다른 역사를 느낄 기회가 된다. 그 나라 사람들한테 직접 듣는
역사 이야기는 책에서 배울 수 없는 생생한 지식과 경험을 안겨준다.

인간은 태어나서 죽을 때까지 계속 배워야 한다. 인간의 수명에는
한계가 있지만 배움에는 끝이 없는 법이다.

배우는 방법에는 여러 가지가 있다. 그중에서 내가 특히 강조하고
싶은 것은 독서를 하라는 것이다. 그것도 반드시 독파하는 습관을 기
르고 핵심을 완전히 파악하려는 자세로 책을 읽어야 한다. 다시 말해
책이란 능동적으로 연구하면서 읽어야 하는 것이다.

"인간은 태어나서 죽을 때까지 계속 배워야 한다.
인간의 수명에는 한계가 있지만
배움에는 끝이 없는 법이다."

독서 습관에서 비롯되는
인생의 지혜

우리가 속해 있는 이 사회는 마치 한 권의 책과 같다. 내가 지금 너에게 권하고 싶은 것이 바로 '사회'라는 책이다. 이 '사회'라는 책에서 얻어지는 지식은 지금까지 출판된 책 전부를 합친 지식보다 훨씬 더 많은 도움을 줄 것이다. 그러므로 훌륭한 사람들의 모임이 있을 때에는 아무리 빼어난 책을 읽고 있었더라도 덮어놓고 우선 그 모임에 참석하는 것이 좋다. 그렇게 하는 것이 책에서 학식을 얻는 것보다 몇 배나 더 큰 공부가 될 수 있다.

여러 가지 일로 아무리 바쁘고 정신없이 살아가는 사람들도 하루 중에서 잠깐 숨을 돌릴 수 있는 자유로운 시간이 조금은 있는 법이다. 그러한 시간에 책을 읽는 일이야말로 더할 수 없는 평안과 기쁨이라고 말하는 사람도 있을 것이다.

그 잠깐 동안의 시간을 살려 충실하게 책을 읽으려면 어떻게 해야 할까?

무엇보다 시시하고 따분한 책에 시간을 빼앗기는 일이 없어야 한다. 그러한 책은 달리 쓸 것이 없는 태만한 저자가 게으른 독자를 겨냥해서 대충 쓰는 경우가 많다. 이런 책은 독에도 약에도 아무런 쓸모가 없으니 아예 손을 대지 않도록 해라.

하루 가운데 얼마 안 되는 시간을 어떻게 활용하여 독서를 할 것인가를 몇 가지 요점을 통해 설명하고자 한다.

먼저 독서를 할 때에는 정신과 목적을 하나로 집중시키고 그 목적을 달성할 때까지 다른 분야의 책은 손에도 대지 말아야 한다.

예를 들어, 베스트팔렌 조약에 초점을 맞추었다고 하자. 그렇다면 그것에 관한 책 이외에는 일체 손을 대지 말고 믿을 수 있는 역사서나 문서, 회고록, 문헌 등을 순차적으로 읽고 비교하는 것이 바람직하다.

그렇다고 이런 종류의 연구에 몇 시간이나 소비하라고 말하는 것은 아니다. 좀 더 다른 방법으로 자유로운 시간을 유용하게 사용할 수 있으면 그것 또한 좋다. 다만 같은 독서를 할 때는 한꺼번에 몇 가지 테마를 추구하기보다 한 가지로 압축해서 체계적으로 추구하는 쪽이 능률적이라고 생각한다.

여러 가지 책을 읽다 보면 내용이 서로 상반되거나 모순되는 일도 보게 될 것이다. 그럴 때는 그와 유사한 책을 참고하는 것이 좋다. 그것은 문제의 핵심을 벗어나는 것이 아니라 오히려 내용을 더 명확하게 파악할 수 있는 방법이기 때문이다.

예를 들어 책을 읽어도 내용이 전혀 머릿속에 들어오지 않을 때가 있을 것이다. 이럴 경우, 그와 관련된 다른 책을 읽거나 남들로부터 이야기를 듣는다면 책만으로는 입체적으로 파악하지 못했던 일들이 저절로 머릿속으로 들어오기도 한다. 그렇게 해서 얻은 지식이 의외로 완벽한 법이다. 그리고 좀처럼 잊히지 않는다.

사회인이 된 다음에는 다음의 독서법을 따르는 것이 좋을 것이다.

첫째, 사회에 첫걸음을 내딛었을 때에는 많은 책을 읽는 것보다 여러 계층의 사람들과 다양한 이야기를 나눔으로써 정보를 수집하는 편이 낫다.

둘째, 가능한 한 무익하고 무용한 책은 더 이상 읽지 않는다.

셋째, 네가 원하는 하나의 주제를 선택하여 그와 관련된 책을 체계적이고 집중적으로 읽는다.

이러한 사항을 염두에 두고 실천한다면 하루에 30분의 독서로도 충분하다.

책으로부터 얻게 된 지식은 소가 이미 섭취한 풀을 되새김질하듯 씹고 또 씹어야 하며 그것을 충분히 내 것으로 만들어 실생활에서 활용해야만 한다. 그것이 바로 참된 지혜이다.

"책으로부터 얻게 된 지식은
소가 이미 섭취한 풀을 되새김질하듯 씹고 또 씹어야 하며
그것을 충분히 내 것으로 만들어 실생활에서 활용해야만 한다.
그것이 바로 참된 지혜이다."

체험으로 배운 지식이
참지식이다

이 편지가 너에게 전달될 때쯤이면 아마도 너는 베니스에서 로마로 떠날 채비를 하고 있겠구나. 지난번 편지에도 썼지만 베니스에서 로마로 가는 아드리아 해 중간에 리미니, 로레토, 앙코나가 있다. 오래 묵을 만한 곳은 아니지만 그래도 한 번은 들러볼 가치가 있으니 찾아가 보도록 해라. 그 근처에는 고대 로마의 훌륭한 유적과 유물을 비롯하여 건축, 회화, 조각 작품들이 많이 있다. 어느 것 하나라도 그냥 지나치지 말고 유심히 살펴보길 바란다.

역사적 유물이나 이름이 알려진 건축물, 회화 및 조각 등을 보고자 여행을 할 때에는 그것이 그냥 겉으로만 보아도 좋을 것인지 아니면 그 내면까지 충분히 음미할 필요가 있는지를 먼저 파악해야 한다. 대충 훑어보아도 좋을 것에는 너무 많은 시간을 빼앗기지 않는 것이 좋으며 그렇지 않은 것은 좀 더 시간과 주의력이 필요하다.

요즘 젊은이들은 대개 주의가 산만하여 '보아도 보이지 않고 들어도 들리지 않는다'는 표현이 딱 들어맞는 경우가 많다.

수박 겉핥기 식으로만 보거나 소귀에 경 읽기로만 듣는다면 차라리 보지도 듣지도 않는 편이 낫지 않겠느냐?

여행의 참된 목적은 여행 간 곳을 자세히 관찰하고 여러 가지 의문을 가지고 나름대로 분석하는 자세를 기르는 데 있다.

여행을 할 때, 다음 목적지까지는 얼마나 떨어져 있는지 그리고 묵을 숙소는 어디인지 등에만 정신이 팔려 있는 사람은 출발했을 때와 돌아왔을 때에 별다른 변화가 없다. 가는 곳마다 교회의 철탑이나 시계, 호화로운 저택을 보고 탄성만 지를 뿐이라면 얻는 것은 하나도 없을 것이다. 그 정도에서 그친다면 그냥 집에서 휴식을 취하는 편이 더 나을 것이다.

어디를 가도 그 지방 특유의 풍습이나 다른 지방과의 차이점, 교역, 특산물, 정치 형태, 헌법 등을 자세히 관찰하거나 그 지방의 훌륭한 사람들과 사귀고 그 지방 특유의 예의범절이나 인간성을 잘 이해하고 돌아오는 사람들이야말로 여행의 목적을 충분히 달성한 사람이라고 할 수 있다. 이들은 여행을 통해 보다 현명해져서 돌아온 것이다.

여행할 때는 호기심 많은 사람이 되어라

예를 들어 로마는 인간의 감정이 온갖 모양으로 생생하게 표현되어 훌륭한 예술로 승화되어 있는 도시이다. 로마와 같은 도시는 여간 해서 찾기 힘들다. 그러므로 로마에 머물 동안에는 캐피탈이나 바티칸 성전, 판테온을 구경하는 것만으로 만족하지 않기를 바란다. 로마를 관광하기 위해서는 시간과 공을 들여 정보 수집을 할 필요가 있다.

곧 로마 제국의 본질, 교황의 권력과 흥망성쇠, 궁전의 정책, 추기경의 책략, 교황 선거를 위한 추기경 회의의 뒷이야기 등 절대적인 힘을 뽐냈던 로마 제국의 내면적인 것이라면 무엇이든 좋다. 깊이 파고들어 연구해 보아라.

어느 고장에 가더라도 그 지역의 역사와 현재의 상황에 대해 간단히 소개하는 작은 책자가 있게 마련이다. 먼저 그것을 읽어두는 것이 좋다. 물론 충분한 내용은 아니지만 어느 정도 도움은 된다. 그것을 읽고 난 뒤, 보다 자세한 것을 알고 싶다면 그 지방의 사람들에게 물어보는 것이 좋다. 무엇이든 의문이 생기거나 모르는 점이 있으면 주저하지 말고 그곳에 대해 정통하고 사려 깊은 인물에게 물어보는 것이 최상이다. 기본적인 예의를 지키며 뭔가를 물어오는 사람을 마다할 사람은 없다. 더욱이 자신의 직업과 관련하여 뭔가 질문을 받으면 대개는 신이 나서 여러 가지 사실을 들려줄 것이다.

그러므로 어떤 모임에서 군인을 만나게 된다면 훈련법이나 야영 방법, 의복의 배급, 급료, 역할, 검열, 숙영지 등 알고 싶은 것은 무엇이든지 물어보아라.

마찬가지로 해군에 관한 정보도 수집하면 좋다. 이제까지 영국은 프랑스 해군과 오랜 동맹관계를 맺어왔고 앞으로도 그 관계를 지속될 것이다. 알아두어 손해볼 건 없다. 직접 체험한 해외 정보가 너를 돋보이게 할 것이다.

로마에 가면 로마 사람이 되고, 프랑스에 가면 프랑스 사람이 되라

이번 편지에서 나를 기쁘게 하는 소식을 들었다. 로마에 머무는 동안 이탈리아 사회 속으로 뛰어들어 동화되려고 무척 애를 썼고, 영국인 단체에 가입하지 않았다고 하더구나. 너의 분별 있는 행동에 대해 참 잘했다고 칭찬하고 싶구나.

지금은 지구촌이 하나로 묶여서 돌아가고 있는 시대이다. 가능하다면 세계 각지의 사람들과 친분 관계를 맺는 것이 좋다. 세계 여러 나라의 사람들과 사귀는 것은 매우 보람 있는 일이다. 해외 사람들과 교류를 하다 보면 간혹 배타적인 사람들을 만나기도 한다.

예를 들어 파리에는 영국인들이 집단으로 살아가고 있는데, 이들은 프랑스 사람들과 대화하는 일 없이 자기들끼리만 생활하고 있다. 이렇게 배타적으로 살아가면 아무리 해외에서 생활했을지라도 뭔가 새로운 것을 배울 수 없다.

로마에 가면 로마 사람들과 어울리고 프랑스에 가면 프랑스 사람들과 어울려라. 노인들은 좋은 본보기가 되어 줄 것이고, 젊은이들은 다양한 삶의 형태를 보여줄 것이다. 새로운 문화권에 접하면서도 그것을 배제하고 기존의 것을 고집하려 한다면 새로운 문화를 접하는 의미가 사라지게 된다.

물론 일주일이나 열흘 정도 머무르는 것으로 마음껏 즐긴다거나 사람들과 깊이 사귄다는 것은 쉽지 않다. 상대방 역시 그렇게 짧은 기간으로 친구 사이가 되기를 바라지는 않을 것이다.

하지만 이럴 경우에도 이쪽에서 먼저 마음을 열고 다가간다면 서로 아는 사이 정도로는 남을 수 있다. 그리고 보다 깊은 관계를 원한다면 그 후 자주 연락을 취하는 것이 좋다. 만약 몇 개월간 체류하게 된다면 그 지방 사람들과 스스럼없이 사귈 시간이 충분할 것이다.

이것이 바로 여행의 참된 즐거움이다. 어디를 가든 그 지방 사람들과 격의 없이 사귀고 그 사회에 융화되어 그 지방의 참된 모습을 접해야 한다. 이것이야말로 그 고장의 관습을 알고 예절을 이해하고 다른 지방에는 없는 특성을 아는 유일한 방법이다.

예의범절은 그 지방의 풍습에 따르는 것이 현명하다

눈으로 보고 몸으로 익히는 것이 제일 좋은 교양이다. 세계 어디를 가든 사람 사는 이치는 거의 비슷하다. 다만 자신들의 생활양식과 정서에 따라 표현 방법이 다를 뿐이다. 그것은 그 지방의 특성과 환경에 따라 서로 다르다.

예를 들어 모든 사람은 '야심'이라는 감정을 가지고 있지만, 그것을 만족시키는 수단은 교육 및 풍습에 따라 다른 것이다.

예의를 지킨다고 하는 마음도 누구나 기본적으로 가지고 있는 감정이다. 그러나 그 마음을 어떻게 나타내느냐 하는 것은 어디에서나 같을 수 없다. 영국의 국왕에게 절을 하는 것은 존경의 뜻을 나타내는 것이지만, 프랑스 국왕에게 절을 하는 것은 실례가 된다. 이처럼 지방이나 나라에 따라, 시대에 따라, 사람에 따라 예의를 갖추는 형식이 다르다.

아무리 현명하고 분별 있는 사람일지라도 그 지방 특유의 예의범절을 배우지 않으면 올바른 격식을 차릴 수 없다. 그리고 그것을 배우려면 실제로 그 지방에 가서 직접 눈으로 보고 몸으로 체득해야만 한다. 예의범절이란 이성이나 분별만 가지고는 설명할 수 없는 것이기 때문이다.

예를 들어 사람들이 건배를 하면서 건강을 기원하는 행동은 어느 지방에서나 볼 수 있는 것이다. 상식적으로 볼 때, 술을 마시면서 건강을 기원한다는 것은 앞뒤가 맞지 않는 이야기지만 어쨌든 상식과 관습은 다른 법이다.

상식은 우리에게 예의바르게 하고 좋은 인상을 심어주라고 하지만 때와 장소에 따라 그리고 사람에 따라 어떻게 예의를 갖추느냐는 실제로 눈으로 보고 몸으로 익히지 않는 한 알 수 없다. 따라서 무엇보다 실제적인 경험이 중요하다.

분별 있는 사람은 어디를 가든 그 지방의 풍습을 배워 그것에 따르려고 노력한다. 전 세계 어디를 가든 그렇게 하는 것이 좋으며 도덕적으로 용납될 수 없는 일이 아닌 한, 어떤 것이든 그 지방의 풍습을 따르는 편이 현명하다.

그럴 경우 가장 도움이 되는 것이 적응력이다. 적응력이란 때와 장소에 따라 적절하게 행동할 수 있는 능력이다. 그것은 순간적으로 그 장소에 알맞은 태도를 결정할 수 있는 힘으로 상대방의 상황에 따라 적당히 상대하는 것을 말한다.

물론 이러한 능력은 다양한 문화, 다양한 사람들을 접하면서 자연스럽게 터득될 수 있는 것으로 그렇기 때문에 젊은 시절에는 여행을 통해 여러 문화권을 접하려는 노력이 필요하다.

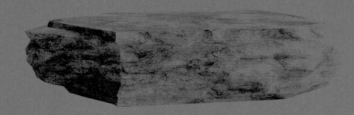

LETTERS TO
HIS SON

Part.5

나만의 뚜렷한 주관을 가져라

충분한 지식과
확고한 견해를 갖추어라

사람이란 어느 위치에 있든 자신의 자리에서 최선을 다해 인정을 받을 수 있는 인물이 되어야 한다. 그렇기 때문에 아직 자신의 위치를 다지지 못한 젊은 시절에는 더욱더 열심히 배우고 익혀야 한다. 그것이 사람들에게 인정을 받는 가장 가까운 지름길이기 때문이다.

지식도 덕도 없는 사람이 타인으로부터 인정받기란 낙타가 바늘구멍을 통과하는 것보다도 더 어렵다고들 한다. 반면, 지식과 덕이 있고 기품과 겸손한 태도를 지닌 사람들은 애써 노력하지 않아도 마치 먹물이 화선지에 번져나가는 것처럼 그 품행이 널리 알려지게 마련이다. 그런 사람을 목표로 삼아 열심히 노력하기 바란다.

사람들은 흔히 자신이 가보지 못한 길에 있거나 자신과 지위 내지는 위치가 다른 사람들에 대해 비난하거나 공격의 화살을 퍼붓는 경우가 많다. 예를 들어 옛날에는 귀족과 그렇지 못한 계급으로 나뉘었는데, 흔히 귀족을 두고 '거짓과 허위의 집단이며 겉과 속이 다른 사람들'이라고 비난하곤 한다.

물론 그 말이 어느 정도는 사실일지도 모른다. 하지만 그것은 귀족만 그런 것이 아닐 것이다. 사람이 살아가는 모습은 비슷한 법이다.

예를 들어 농부들 역시 그렇지 않을까? 다르다고 한다면 예의범절이 다소 거칠다는 정도일 것이다.

사실, 농부들도 서로 이웃해 있는 농부와 경쟁한다. '어떻게 하면 보다 더 많은 곡식을 생산해 낼 수 있을까'를 궁리할 것이며 소작인들은 땅을 많이 소유한 지주 앞에서는 어떻게든 비위를 맞추기 위해 이전투구를 벌인다.

흔히 시골 사람들은 순박하고 거짓과 허위가 없는 반면, 도시 사람들은 거짓투성이이고 남을 등쳐먹기 일쑤라고 말한다. 하지만 도시 사람이든 시골 사람이든 똑같은 인간이다. 마음에 느끼는 것, 사고하는 것에는 그다지 다를 바가 없다. 다만 그 방식이 조금 다를 뿐이다.

현명한 사람은 일반론을 내세우지 않는다

일반론의 함정에 빠지지 말아라. 일반론을 주장하는 일, 일반론을 믿는 일, 일반론이 옳다고 인정하는 일에는 신중을 기해 주길 바란다. 사실, 일반론을 주장하는 사람들 중에는 자만심이 강하며 교활하고 빈틈없는 사람들이 많다.

진정으로 현명한 사람은 일반론은 내세우지 않는다.

일반론을 내세우는 사람을 보면, 일반론에 의지할 수밖에 없을 만큼 지식이 빈곤한 경우가 많다. 불쌍한 사람이다.

그럼에도 불구하고 이 세상에는 국가나 직업에 대해서 뿐만 아니라 온갖 상황에 대해 일반론이 활개를 치고 있다. 다수의 이론이라고 해서 그것이 반드시 진실이라고 할 수는 없다. 간혹 다수의 일반론이 소수의 진실을 파묻고 빛을 보지 못하게 막아버리는 어리석음을 범하기도 한다.

나는 일반적인 이론을 끄집어내는 사람을 만나면 일부러 진지한 표정을 지으며 이렇게 묻는다.

"그렇습니까? 그래서요?"

당연히 그 뒷말이 나와야 할 것이 아니냐는 태도를 취하는 것이다. 그러면 자신 없는 일반론 이외에 의지할 것이 아무것도 없는 상대방은 그 다음 말을 계속하지 못하고 난처한 태도로 우물쭈물하고 만다.

결국 충분한 지식과 확고한 견해를 갖춘 사람만이 일반론 따위에 의존하지 않더라도 말하고 싶은 것을 명확히 말할 수 있다. 막연하게 일반론을 내세우지 않더라도 서로에게 도움이 되는 화제를 충분히 제공할 수 있는 것이다. 즉, 일반론을 증거로 내세우지 않고도 상대방을 따분하게 만드는 일 없이 기지가 넘치는 이야기를 충분히 할 수 있는 것이다.

"지식과 덕이 있고 기품과 겸손한 태도를 지닌 사람들은
애써 노력하지 않아도 마치 먹물이 화선지에 번져나가는 것처럼
그 품행이 널리 알려지게 마련이다."

사물을 보는
정확한 판단력이 필요하다

사물에 대해 깊이 생각하는 습관을 몸에 익히기 바란다. 부끄러운 고백이지만, 나는 16~17세까지도 그렇게 하지 못했다. 물론 그 이후에는 생각의 깊이가 더해졌지만 그래도 생각한 것을 뭔가에 소용되도록 하지는 못했다.

책의 내용을 이해하지도 못하면서 그대로 받아들였고 교제하는 사람들이 말하는 것을 옳고 그름을 판단하지도 않고 수용했던 것이다.

그것은 시간과 노력을 들여 진실을 추구하기보다 설령 틀리더라도 편한 것이 좋다는 사고방식을 갖고 있었기 때문이다. 한마디로 말해 생각하는 것을 귀찮아했던 것이다. 그러한 마음가짐이었기 때문에 분별 있는 생각을 갖기는커녕 정신을 차렸을 때는 편견에 말려들어 가고 있었다. 스스로는 깨닫지 못했지만 진리를 추구하는 대신 잘못된 사고를 기르고 있었던 것이다.

그러나 스스로 세상을 보는 눈을 기르고 생각을 키우고 뜻을 세우면서 그것을 실천해 보니 놀랍게도 사물을 보는 눈이 달라졌다. 주어진 사고방식으로 사물을 보거나 실체가 없는 곳에 힘이 있다고 착각하고 있었던 그 전과 비교할 때 사물이 얼마나 질서 정연하게 보였는지 모른다.

물론 나는 아직까지도 다른 사람의 영향권에서 벗어나지 못하고 있는지도 모른다. 오랜 세월에 걸쳐 다른 사람의 영향을 받았던 사고방식이 그대로 나의 사고방식으로 굳어진 것도 있을 것이다. 그중에는 옳다고 생각해온 것과 후에 나 자신의 힘으로 길러낸 사고방식과의 차이를 구별하지 못하는 것도 있을 것이다.

독단과 편견은 판단의 눈이 달라지게 한다

가장 먼저 나를 사로잡았던 편견은 고전에 대한 절대주의였다. 이러한 편견은 수많은 고전을 읽거나 선생님들로부터 강의를 듣는 동안 자연스레 몸에 밴 것인데 그것을 신봉하는 정도는 굉장한 것이었다.

나는 지난 1,500년 동안 이 세상에는 가치 있는 문화 양식이나 정신은 존재하지 않는다고 믿고 있었다. 양식 있는 것은 고대 그리스 로마 제국과 함께 멸망해 버렸다고 생각하고 있었던 것이다. 호머(그리스 최고 최대의 서사시 『일리아스』, 『오디세이아』의 작가)와 베르길리우스(로마 최대의 시인)는 고전이기 때문에 옳고, 밀턴(영국의 시인)과 타소(16세기 이탈리아 최대의 서

사시인)는 현대인이기 때문에 볼 만한 것이 없다고 생각하고 있었다.

그렇지만 지금은 다르다. 삶의 방식이나 관습이 시대에 따라 다를 뿐, 사람의 성질 따위는 예나 지금이나 다르지 않다는 것을 알게 된 것이다. 동물이나 식물이 1,500년 전, 또는 300년 전과 비교해서 크게 달라지지 않은 것과 마찬가지로 사람도 1,500년 전, 300년 전의 사람들이 더 똑똑하고 용감하며 현명하다고 볼 수 없다.

고대인이나 현대인이나 각각의 장점이 있기 마련이며 똑같이 결함을 가지고 있다. 보통 교양 있다고 알려진 학자들은 고전을 신봉하지만 그렇지 않은 사람들은 흔히 현대의 것에 더욱더 열광한다. 그러나 그 내면을 꼼꼼히 따져보면 현대인에게도 고대인에게도 장점과 단점이 있으며, 그것을 '좋다' 혹은 '나쁘다'라고 단정적으로 구분 지을 수는 없다. 나는 그것을 뒤늦게 납득했던 것이다.

사람의 사고나 의견은 그리 쉽게 바뀌지 않는다. 또한 자신의 의견이 다른 사람의 의견과 다를 수 있는 것처럼 다른 사람의 의견도 나의 의견과 다를 수 있다. 그것은 결코 용서할 수 없는 것도 아니고 받아들이지 못할 것도 아니다.

설령 의견이 다를지라도 서로 진지하게 의견을 주고받으면 서로에게서 또 다른 장점을 이끌어낼 수도 있으며 그것은 서로의 발전을 위해 좋은 일이라고 할 수 있다. 그러므로 서로가 진지하고 너그럽게 상대의 의견에 귀를 기울여야 한다는 것을 명심하기 바란다.

또한 편견이라는 것은 정말로 무서운 것이다. 그럴 듯하게 보이는 것에 현혹당하지 말아라.

예를 들어 '전제정치 아래서는 진정한 예술도 과학도 성장하지 못한다'라는 말은 언뜻 보기에는 그럴 듯하게 들리지만 나는 그렇게 생각하지 않는다.

농업과 같은 기술이라면 정치 행태에 의해 소유지나 이익이 보장되지 않을 경우, 분명히 진보하기에는 곤란할지 모르겠다. 그러나 전제정치가 수학자나 천문학자 또는 웅변가 등의 재능을 억제해 버린다고 하는 주장은 말도 안 된다. 우선 그런 실례 따위는 들어본 적이 없다.

물론 시인이나 변사는 자신들이 좋아하는 주제를 좋아하는 식으로 표현할 수 있는 자유를 빼앗길지도 모른다. 하지만 정열을 쏟을 대상을 빼앗기는 것은 아니다. 가령 재능이 있다면 그것까지 잘려 버릴 염려는 없는 것이다.

어느 누구보다 이러한 생각이 잘못이라는 것을 증명한 사람들은 프랑스의 작가들이다.

이를테면 코르네유, 라신, 몰리에르, 브왈로, 라 퐁텐 등은 아우구스투스 시대와 필적할 만하다고 생각되는 루이 14세의 압제 밑에서도 그 재능을 꽃피웠던 것이다.

아우구스투스 시대의 뛰어난 작가들도 잔인하고 무능한 황제가 로마시민의 자유를 억압하고 나서 재능을 발휘했다는 사실을 기억하기 바란다. 그리고 활발한 편지 교신도 자유로운 풍조에 의한 것이 아니었다. 절대적인 권력을 쥐고 있었던 교황 레오 10세와 전에 없는 독재

정치를 행한 프란시스 1세의 시대에 장려되고 보호되었던 것이다.

그렇다고 내가 전제정치를 옹호하고자 하는 것이 아니다. 압제는 인간의 기본적인 권리를 박탈하는 범죄적 행위이다. 다만 사물을 똑바로 인식하는 습관을 익혔으면 하는 생각에서 예를 든 것뿐이다.

진정한 자신의 생각을 정립하라

먼저 자기 자신의 생각이 무엇인지 깊이 생각해라. 자신의 머리를 써서 사물을 똑바로 판단하는 습관을 익혀야 한다. 그렇게 하기 위해서는 우선 현재의 네 사고방식을 일일이 점검하고 '이것이 정말로 나의 생각인가? 혹시 남이 가르쳐 준 대로 생각하고 있는 것은 아닌가?'를 생각해야 한다. 특히 편견이나 오해가 없는지를 따져 보아야만 한다.

편견이 아니라면 여러 사람들의 의견을 잘 듣고 그것을 종합하여 옳고 그름을 판단하는 습관을 들이도록 해라. 물론 인간의 판단력이 항상 옳은 것은 아니다. 하지만 이렇게 하는 것이 가장 적게 틀리고 후회를 최소한으로 줄일 수 있는 방법이다. 그리고 그것을 보충해 주는 것이 바로 책이고 또한 사람들과의 교제이다.

하지만 책도, 사람과의 교제도 무턱대고 그대로 받아들여서는 안 된다. 그것은 어디까지나 인간에게 주어진 사고 능력의 보조물에 불과하기 때문이다.

스스로 생각한다는 것은 귀찮고 번거로울 수도 있는 것이지만 참으로 중요하고 신선한 행위이다. 그러므로 생각하는 데에 많은 시간을 할애해야 할 것이다.

어떠한 상황에서도
올바른 판단력을 유지하라

어떠한 장점이나 덕행에도 그와 비례하는 단점이나 부도덕함이 있으므로, 한걸음 잘못 내디디면 생각지도 못한 실수를 저지를 수가 있다. 관대함은 그 정도가 지나치면 응석받이를 만들게 되고 절약이 지나치면 인색함이 되며, 용기가 지나치면 만용이 되고 지나친 신중함은 비겁함이 된다.

그렇게 따지고 보면 결점이 없도록, 그리고 부도덕한 행위를 하지 않도록 조심하는 것 이상으로 장점이나 덕을 나타내는 면에서도 주의가 필요하지 않을까 생각한다.

부도덕한 행위는 그 자체만으로도 아름답지 않다. 사람들은 어쩌다 그러한 행위를 보면 무의식중에 눈을 돌려 버리고 깊숙이 관여되기를 싫어한다. 반면에 도덕적 행위는 그 자체만으로도 아름답다. 사람들은 아름다운 선행을 보면 감동을 받고 찬사를 아끼지 않으며 그 대상에게 푹 빠져든다.

올바른 판단이 필요한 것은 바로 이때이다. 도덕적 행위를 끝까지 계속 도덕적 행위가 되도록 하기 위해서, 또는 장점을 끝까지 장점이 되도록 하기 위해서는 매혹당하여 정신을 잃으려고 하는 자신을 채찍질하며 버티고 있어야 한다.

이런 이야기를 꺼낸 이유는 '학식이 풍부하다'고 하는 장점의 이면에는 빠져들기 쉬운 함정이 있다는 말을 하고 싶기 때문이다. 아무리 지식이 풍부해도 올바른 판단력이 없으면 '건방지다'라거나 '잘난 체한다'는 험담을 듣게 될지도 모른다.

너도 언젠가는 많은 학식을 갖추게 될 것이다. 그때를 위해 보통 사람들이 빠지기 쉬운 함정에 빠지지 않도록 지금부터 주의하는 것이 현명한 일일 것이다.

흔히 학식이 깊은 사람은 자신감에 가득 찬 나머지 다른 사람의 생각에는 귀를 기울이지 않는다. 그리고 일방적으로 판단을 강요하거나 멋대로 결정을 내리기도 한다.

그렇게 하면 어떤 결과가 나타날까?

강요를 당하는 사람들은 모욕감으로 마음의 상처를 입고 진실로 우러난 마음자세를 가지고 따르지 않는다. 아니 성을 내고 반항하거나 혹은 겉으로는 침묵을 지켜도 속으로는 맹렬하게 저항할지도 모를 일이다.

지식은 풍부하게, 몸가짐은 겸허하게

벼는 익을수록 머리를 숙이듯이, 학식의 양이 늘어나면 늘어날수록 겸손해야 한다. 자기 자신을 거만하게 내세우면 안 된다. 설사 확신이 있는 문제일지라도 지나친 자기 확신을 고집해서는 안 된다. 또한 의견을 말할 때에도 딱 잘라서 말하지 않도록 해라. 남을 설득하고 싶다면 상대방의 의견에 조심스럽게 귀를 기울이는 겸허함이 있어야 한다.

자신의 학식을 자랑하지 않고 상대방의 생각을 존중할 수 있어야 한다. 즉 지식은 회중시계처럼 은밀히 호주머니 속에 넣어두는 것으로 족하다. 자랑하고 싶어서 필요 없는 상황에서도 호주머니 속에서 꺼내 보이거나 시간을 가르쳐 줄 필요는 없다. 시간을 묻는 사람이 있다면 그때 대답하면 된다.

학문이라는 것은 몸에 지닐 만한 쓸모 있는 장식품과 같다. 또한 몸에 지니고 있지 않으면 간혹 크게 창피를 당할 수도 있다. 그것은 재물을 쌓아 두는 것보다 현명하지만 너무 떠벌리거나 드러내 보이면 오히려 사람들로부터 비난을 받을 수 있다.

"지식은 회중시계처럼 은밀히 호주머니 속에 넣어두는 것으로 족하다.
자랑하고 싶어서 필요 없는 상황에서도
호주머니 속에서 꺼내 보이거나 시간을 가르쳐 줄 필요는 없다.
시간을 묻는 사람이 있다면 그때 대답하면 된다."

현실성 없는 이론으로는
세상을 알 수 없다

오늘은 아주 피곤한 학자를 만나 완전히 녹초가 되었다. 아니 질려버렸다고 표현하는 게 맞을 것 같다. 학식이 풍부한 것까지는 좋았는데, 예의는커녕 말하는 방법조차 알지 못하더구나. 우리는 흔히 근거도 없는 쓸모없는 이야기를 잡담이라고 하는데, 그 사람의 이야기는 그야말로 근거가 있는 이야기들뿐이었다. 그럼에도 어찌 그리도 밑도 끝도 없는 잡담보다 피곤하고 진절머리가 나는지 그분과 저녁식사를 하고 난 뒤에 아주 기진맥진해졌다.

그는 오랫동안 연구실에 틀어박혀 온갖 문제에 대해 사고를 거듭한 사람이라 그런지 자기주장이 강하고 내가 조금이라도 자신의 사고에서 벗어난 말을 하면 눈을 부릅뜨고 분개하더구나. 물론 그의 주장은 그럴 듯했다. 하지만 유감스럽게도 현실성이 없었다.

왜 그런지 알겠느냐? 그 사람은 책만 읽었지, 사람들과 교제를 하지 않았기 때문이다. 한마디로 말해 학문에는 조예가 깊었지만 인간에 대해서는 전혀 무지했던 것이다.

특히 자신의 생각을 말로 표현하고자 할 때에는 보기에 딱할 정도로 힘들어했다. 말이 입에서 쉽게 나오지 않는 모양이었다. 그때 내가 어떤 생각을 했는지 아니? 아무리 학식이 뛰어난 인물일지라도 그러한 사람과 이야기를 하느니 학식이 다소 떨어지더라도 조금은 세상을 알고 있는 사람과 이야기하는 편이 나을 거라는 생각이 들 정도였다.

현실성 없는 이론만 주장하는 학자 바보

세상 물정을 모르는 사람이 휘두르는 이론은 '세상은 그렇게 이론대로 돌아가지 않는다'는 것을 아는 사람을 피곤하게 만든다. 그러한 사람들과 대화하다가 '세상이 이론대로 돌아가는 것은 아니오'라고 말참견이라도 할라치면 대뜸 면박을 주거나 아예 귀를 기울이지도 않는다.

학자들은 보통 사람들이 생각하지 못하는 곳까지 세분화하여 철저하게 연구 분석하고 나름대로의 학설을 확립한 사람들이라서 자신이 옳다는 것을 확신하며 쉽게 물러서지 않는다.

물론 그것도 나름대로 훌륭한 일이라고 할 수 있지만, 실제로 인간을 관찰한 일이 없고 사귄 일도 없어 세상에는 다양한 인간이 있다는 것과 갖가지 관습, 편견, 기호가 있다는 것, 그리고 그런 것이 종합되어 인간이 존재한다는 것을 전혀 모르고 있다는 사실은 안타까운 일이다.

결국 인간에 대해 완전히 무지한 상태인 것이다.

그러한 입장이기 때문에 예를 들어 연구실에서, '사람은 칭찬을 받으면 기뻐한다'는 이론을 발견하여 무턱대고 칭찬을 하지만 그러한 칭찬이 오히려 독이 되거나 차라리 아무 말도 하지 않는 편이 나은 상황을 만드는 것이다.

그러나 자신의 눈으로 보고 귀로 듣고서 세상을 알고 있는 사람은 다르다. 이들은 칭찬의 위력을 알고 있으며, 또한 언제 어디서 어떻게 칭찬하는 것이 좋은가를 잘 분별하고 있다. 결국 머리로 생각하는 것과 현실 사이에는 커다란 격차가 있음을 알아야 한다.

혹시 지식이나 인격이 훨씬 부족한 사람들이 자신보다 뛰어난 사람들을 상대로 하여 눈치채지 못하도록 능숙하게 그들을 조종하는 것을 본 적이 있느냐?

나는 지금까지 여러 번 그런 일을 보아왔다. 그들은 지식과 인격은 있지만 세상 물정에 어두운 사람들의 맹점을 파고들어 그들을 마음대로 조종하고 있는 것이다. 자기 눈으로 보고 관찰하고 실제로 체험을 통해 세상을 알고 있는 사람은 오로지 책을 통해서만 세상을 바라보는 인간과 근본적으로 다르며 보다 우수하다. 그것은 잘 훈련을 받은 말이 노새보다 훨씬 더 쓸모 있는 것과 마찬가지이다.

지금까지 공부해온 것이나 보고 들은 것을 총괄하여 나름대로의 판단에 따라 인격이나 행동양식, 그리고 예의범절을 확립해 나가도록 해라. 그런 후에 세상을 알고 한층 더 연마해야 한다. 그러한 의미에서 사회에 관한 책을 읽는 것도 바람직한 일이다. 이론과 현실을 비교해 보면 훨씬 더 의미 있는 공부가 될 것이다.

책에는 인간이 가진 정신이나 감정의 동요 등 여러 가지 일들이 기록되어 있다. 그것을 미리 읽어 둔다는 것은 매우 현명한 일이다. 하지만 그것으로 끝나서는 안 된다. 실제로 사회에 발을 들여놓고 관찰하지 않으면 모처럼 얻은 지식도 산지식이 되지 못한다. 아니, 오히려 잘못된 방향으로 흘러가게 된다. 방 안에서 세계지도를 펼쳐놓고 눈을 부릅뜨고 들여다보았자 세계에 대해서는 아무것도 알지 못하는 법이다.

훌륭한 언변은
어떻게 기를 수 있는가

뛰어난 화술을 지니려면 어떻게 하는 게 좋을까? 우선 말을 잘하는 사람이 되겠다는 확고한 목표를 가져야 한다. 그리고 그 목표를 위해 책을 읽고 문장 연습을 하는 등 집중적으로 노력해야만 한다.

마음속으로 이렇게 다짐하라.

'나는 능력을 발휘하는 사회인이 되고 싶다. 그러기 위해선 말을 잘해야 한다. 일상적인 대화를 나눌 때 말을 함부로 내뱉지 말자. 정확하고 세련되고 품위 있게 겸손한 화술을 익히자. 저명한 연설가들이 쓴 책이면 고전이든 현대 작품이든 열심히 찾아서 읽자. 말을 잘 한다는 것은 매우 중요한 문제이며 부단한 노력이 필요한 일이다.'

책을 읽을 때 문체나 어법에 각별히 신경을 써라. 어떻게 하면 좀 더 훌륭한 표현이 될까, 만약 내가 똑같은 내용의 글을 쓴다면 무엇을 보완할까 등을 생각해라. 같은 내용이라도 지은이에 따라 얼마든지 표현을 달리 할 수 있다. 표현이 다르면 독자가 받는 인상도 달라진다.

아무리 내용이 훌륭해도 용어 사용법이 서툴거나 품위 없는 문장을 쓰거나 문체가 어울리지 않으면 전체적으로 문맥이 흐트러지기 때문에 독자에게 좋은 평가를 받기 어렵다. 이런 점을 염두에 두면서 책을 꼼꼼히 읽기 바란다.

이야기를 할 때는 어떻게 말해야 좋을지 미리 생각을 해둬라.

준비를 하지 못했다면 대화가 끝난 뒤에라도 좀 더 좋은 화술로 말할 수는 없었을까 되돌아봐야 한다. 그런 과정을 통해 화술은 자연스럽게 향상될 것이다.

발음을 분명하게 하고 정확하게 말해라

그런 면에서 인기 배우들은 어떤 식으로 말하는지 살펴볼 필요가 있다. 자세히 관찰해 보면 훌륭한 배우들은 발음을 분명하고 말을 정확하게 한다는 사실을 알게 된다. 말이라는 것은 개념을 전달하는 의사소통 수단이다. 따라서 미숙하게 표현하거나 거슬리게 말하면 전달 효과가 뚝 떨어진다.

날마다 큰 소리로 책을 낭독해 봐라. 어디쯤에서 숨을 쉬고 이어가야 하는지, 강조를 할 때는 어떻게 해야 되는지, 읽는 속도는 어떤지 신경 쓰면서 말이다.

그리고 책을 낭독하면서 어색한 점이 있다면 하나씩 고쳐나가라.

책을 읽을 때는 입을 충분히 벌리고 단어 하나, 문장 하나도 명확하게 발음해야 한다. 또한 속도가 너무 빨라도 너무 느려도 안 된다. 물론 말씨가 불분명하다면 그것도 고쳐야 한다.

혼자서 낭독 연습을 할 때는 자기 목소리를 주의 깊게 들어라.

처음에는 천천히 읽는 게 좋다. 그러면 빨라지기 쉬운 말버릇을 고치는 데 도움이 된다. 간혹 네가 말을 빨리 하면 제대로 알아듣기 힘든 발음이 있다. 발음하기 어려운 낱말은 제대로 발음할 때까지 계속 연습해라.

사회적인 논란이 될 만한 문제를 몇 가지 고른 다음, 찬성 의견과 반대 의견을 떠올리면서 머릿속으로 논쟁을 펼쳐보거라.

그런 상상 속의 논쟁을 가능한 한 품위 있는 말로 진행해보는 것도 좋은 공부가 된다. 예를 들어 나라에 군대를 둘 것인가 말 것인가 생각해 보자. 군대를 반대하는 사람은 강력한 군사력이 주변 국가에게 심각한 위협을 줄 게 틀림없다고 우려한 것이다. 또 찬성하는 사람은 힘에는 힘으로 대항할 필요가 있다는 의견을 펼 것이다.

너는 이러한 찬반양론을 기초로 해서, 본질적인 면에서 악이라고 규정할 수밖에 없는 군대가 상황에 따라 다른 나라의 무력 행위를 막는 필요악이 될 수 있다는 결론을 얻을 수 있다. 이런 식으로 네 나름대로의 생각을 정리한 뒤 그것을 세련된 문장으로 표현해 봐라. 그러면 자연히 토론 연습도 되고 능숙하게 말하는 능력을 갖추는 데 큰 도움이 된다.

또한 일상적인 대화를 나눌 때나 친한 사람에게 편지를 보낼 때도 자기만의 독특한 스타일이 있어야 한다. 남한테 깊은 인상을 심어주고 관심도 끌 수 있기 때문이다.

상대방을 사로잡으려면 우선 그 사람을 과대평가하지 말아야 한다. 연설을 할 때도 마찬가지다. 청중을 압도하려면 청중을 과대평가하지 않는 것이 중요하다.

내가 처음 상원의원이 되었을 때의 일이다. 의회는 마땅히 존경받을 만한 사람들로 가득 찬 곳이라고 생각했기 때문에 나는 줄곧 위압감에 시달렸다. 그러나 잠시뿐이었다. 의회가 어떤 곳인지 그 실상을 알고 나서부터는 그럴 필요가 없었다.

어렵게만 여겨졌던 수백 명의 의원들 가운데 사리 분별을 할 줄 아는 사람은 겨우 서른 명 안팎이었다. 나머지 의원들은 어디서나 흔히 볼 수 있는 평범한 사람들이었다. 대부분의 의원들은 연설 내용이야 어떻든 간에 그냥 듣기에 좋으면 그것으로 만족했다.

의회의 실상과 수준을 안 뒤부터 나는 연설할 때 긴장하는 일도 차츰 줄어들었고 나중에는 의원들에게 전혀 신경을 쓰지 않게 되었다. 오직 연설 내용과 화술에만 정신을 집중시켰다.

말을 잘하는 연설자는 솜씨 좋은 기술자와 비슷하다. 연설자는 청중의 기호를, 기술자는 고객의 기호를 맞추는 것이다. 일단 방법을 터득하고 나면 그 다음부터는 기계적으로 대처해나갈 수 있다. 청중을 만족시키고 싶다면 청중이 원하고 기뻐하는 방법을 활용하면 된다.

청중이 연설자를 따라와주길 바라지 마라. 청중을 있는 그 자체로 받아들여야 한다. 그들은 자기 마음에 드는 것만 좋아하고 인정한다. 청중은 자신의 입맛에 맞는 것만 선택한다.

라블레(프랑스의 작가, 의사, 인문주의 학자)의 경우를 봐도 알 수 있다. 그는 처음부터 걸작을 써낸 작가였다. 그러나 아무도 관심을 보이지 않았다. 독자의 기호에 맞춰 책을 펴낸 다음에야 비로소 대중의 갈채를 받기 시작한 것이다.

이야기를 전달하는 방식도 중요하다

아무리 훌륭한 이론이나 주장을 내세운다 해도 그것을 설명하는 태도가 바람직하지 못하면 사람들로부터 환영받지 못하는 법이다.

만약 대화 상대가 거친 목소리의 이상스러운 억양으로 말을 하거나 앞뒤가 뒤죽박죽 섞이거나 말도 안 되는 주장을 한다면 그 내용에 귀를 기울일 마음조차 없어지게 된다. 심지어 그 사람의 인격을 의심하는 지경에까지 이르게 된다.

반면, 아무리 이론이 약하더라도 호감이 가는 방법으로 이야기를 전개한다면 그 내용까지 훌륭하게 들리고 그 사람의 인격에까지 반하게 된다. 그만큼 주장하는 내용도 중요하지만 지엽적인 부분도 중요한 것이다.

예를 들어 네가 전달하고자 하는 내용을 아무런 꾸밈이나 보탬이 없이 논리 정연하게 이야기할 수 있다고 가정해 보자. 그것으로 충분하다고 생각한다면 그것은 오산이다. 여러 사람 앞에서 이야기를 할 때에는 이야기의 내용이 아니라 내용을 어떻게 전달하느냐에 따라 평가되는 것이다.

사적인 모임에서 사람의 마음을 붙잡고자 할 때이든 공적인 자리에서 청중을 설득하고자 할 때이든, 이야기의 내용도 중요하지만 말하는 사람의 분위기나 표정, 몸짓, 품위, 억양, 목소리를 내는 방법, 사투리의 유무, 어디를 강조하는지 등 한마디로 말해 지엽적인 부분이 더 중요한 것이다.

간혹 연설을 잘하는 인물들을 보면 장내의 사람들을 한 손에 휘어잡는 카리스마를 보이는 경우가 많다. 그들은 모든 사람들의 초점을 자신에게 맞추고 열정적인 목소리로 일사분란하게 연설을 해내는 것이다.

그들 앞에 더 이상의 논쟁은 존재하지 않는다. 마치 바늘이 떨어지는 소리라도 들릴 것처럼 조용한 가운데 모든 사람들이 귀를 기울이고 있는 것이다.

자신의 이름에 긍지를 지녀라

　　얼마 전에 네가 지출한 것이라며 90파운드짜리 청구서 한 장이 나에게 배달되었는데 나는 그때 지불을 거절하고 싶었다. 금액이 문제가 아니라 나에게 먼저 상의했어야 할 일이었다. 또한 청구서 서명한 것을 보고 실망을 금할 수 없었다. 네 서명이 한 귀퉁이에 조잡하게 되어 있었기 때문이었다.

　　나는 그토록 볼품없는 서명을 본 적이 없었다. 비즈니스 관계이든 기타 다른 일이든 서명은 언제나 똑같이 하는 것이 관례로 되어 있다. 그렇게 함으로써 자신의 서명에 익숙해지고 가짜가 통용되는 것을 막을 수 있기 때문이다. 또한 서명할 때에는 다른 문자보다 약간 크게 써야 한다. 왜냐하면 서명은 문서상으로 그 사람을 대신하는 표시이기 때문이다. 서명이 작고 초라하게 되어 있다면 그것을 받아든 사람도 이와 같이 그 사람을 대할 것이다.

　　네 이름을 당당하게 표현할 줄 알아야 한다.

중요한 사람에게 보내는 서류에 초라하고 작게 서명이 되어 있다면 어떠한 결과를 가져올까? 아마도 그것을 받아든 사람은 네가 소심하고 스케일이 작은 사람이라고 판단할 것이다.

어쩌면 너는 허둥대고 있었기 때문에 그렇게 서명을 했다고 변명할지도 모르겠다. 그러나 지성인이란 서두르는 일은 있어도 결코 허둥대는 일은 없는 법이다. 허둥대면 일을 망친다는 사실을 잘 알고 있기 때문이다.

소심한 사람이 허둥거리는 것은 대개 부과된 일이 능력 밖이라는 것을 알았을 때이다.

자신의 힘으로는 어찌할 방법이 없다고 생각하기 때문에 허둥거리며 뛰어다니고 속을 썩다가 결국 혼란에 빠져 사리분별을 못하게 되는 것이다. 그리고 한꺼번에 이것저것 해치워버리려고 하기 때문에 어느 것에도 손을 댈 수 없게 되는 것이다.

그 점에 있어서 분별이 있는 사람이 다르다. 손을 대려고 하는 일을 완전히 마무리 짓는 데 필요한 시간을 미리 준비해 두었다가 서두를 때도 한 가지 일에 집중해서 서둘러 마무리 짓는다.

요컨대 서둘러도 언제나 냉정하고 침착하여 결코 당황하는 모습을 보이거나 허둥거리는 일이 없으며, 한 가지 일을 끝맺기 전에는 다른 일에 손을 대지 않는 것이다.

물론 너도 여러 가지로 해야 할 일이 많아 충분한 시간을 낼 수 없다는 것은 잘 알고 있다. 하지만 일을 아무렇게나 하려면 차라리 절반은 완벽하게 하고, 그 나머지 절반은 손을 대지 않은 채 그대로 두는 편이 훨씬 낫다. 시간에 쫓겨 제대로 된 서명을 하지 못해 교양 없는 인간으로 오인을 받는다면 설사 그런 행위로 몇 초간의 시간을 벌었을지라도 그것은 아무런 쓸모도 없는 시간이다.

이 세상에 너와 똑같은 사람은 존재하지 않는다. 유사 이래 너와 똑같은 얼굴, 코, 목소리, 마음, 걸음걸이, 재능, 사고방식을 가진 사람은 없었고 앞으로도 존재하지 않을 것이다. 너는 자연의 위대한 창조물로서 세상에 유일한 인격적인 존재인 것이다.

그러므로 네 자신을 인정하고 인격적인 존재로서의 가치를 깨닫도록 해야 한다.

"시간에 쫓겨 일을 아무렇게나 하려면 차라리 절반은 완벽하게 하고,
그 나머지 절반은 손을 대지 않은 채 그대로 두는 편이 훨씬 낫다."

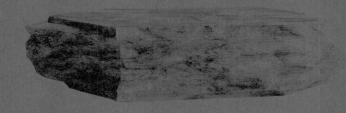

LETTERS TO HIS SON

Part.6

우정을 키워나가는 방법

친구는 자신의 인격을 비추는
거울이다

　어떤 친구를 사귀고 있느냐에 따라 그 사람에 대한 평가가 어느 정도 결정된다고 해도 과언이 아니다.

　간혹 젊은이들이 평판이 좋지 못한 사람들과 어울려 그동안 쌓아 올린 자신의 이미지를 완전히 실추시키는 일도 있다. 때로 그들은 그룹을 지어 거칠고 난폭한 행동을 하기도 하고 무례한 행동으로 눈살을 찌푸리게 만들기도 한다. 물론 그것이 일부에 한정된 것이기는 하지만, 문제는 자기들끼리의 야합에서 그치지 않고 갈수록 그 세력을 확장하기 위해 그들의 세계로 들어오라는 압력을 가하거나 집요하게 권유하는 데 있다.

　그리고 그 일이 마음대로 되지 않으면 조롱을 하거나 폭력을 휘두르고 심지어 따돌리기도 한다. 너는 절대로 그런 일에 말려들지 않도록 조심해야 한다.

　보편적으로 볼 때, 젊은이들은 힘의 압력에 쉽게 굴복하고 만다. 또한 어떤 부탁을 받으면 여간해서는 싫다고 냉정히 잘라 거절하지 못한다. 체면도 체면이려니와 친구들에게 따돌림을 당하고 싶지 않다는 생각이 들기 때문이다.

물론 그런 생각 자체는 나쁠 것이 없다. 상대방의 뜻에 맞춰 준다거나 상대방을 기쁘게 해준다는 생각은 상대방이 좋은 사람이라면 좋은 결과를 낳게 마련이지만, 그 반대의 경우에는 본의 아니게 상대방에게 끌려다니는 상황을 만들게 된다.

진정한 우정은 쉽게 뜨거워지지도 쉽게 식지도 않는다

네 주변에는 온갖 부류의 사람들이 존재할 것이다. 그들과 금방 가까워질 수도 있고 또한 친구도 될 수 있을 것이라고 생각하는 것은 잘못된 것이다. 그것은 당치 않은 자부심이다. 참된 우정은 그렇게 쉽게 이루어지는 것이 아니다. 오랜 시간이 흘러 서로를 잘 알고 이해한 후가 아니면 참된 우정은 자라지 않는다.

물론 허울뿐인 우정이라는 것도 있다. 젊은이들 사이에 널리 퍼져 있는 것이 바로 이것이다. 이러한 우정은 잠시 동안은 뜨겁지만 쉽게 식어 버린다.

간혹 젊은이들 중에는 우연히 알게 된 몇몇 친구들과 함께 분별없는 행동을 하거나 놀이에 빠지는 경우도 있다. 그들과 즐기고 놀 때에는 한

없이 친한 것 같고 둘도 없는 사이처럼 여겨지지만 이것이야말로 속성 재배와 같은 우정이다. 때로 그들은 자신들의 안이한 관계를 우정이라 고 부르면서 공공연히 돈을 서로 빌리고 빌려 주며 친구를 위한다고 소동에 끼어들어 싸움질을 한다. 또한 이들은 어떤 동기로 서로 사이가 나 빠지면 손바닥을 뒤집듯 상대편의 과오를 헐뜯으며 돌아다니며, 한번 사이가 나빠지면 두 번 다시 상대방을 생각해 주는 일이 없다.

함께 있으면 즐겁다고 해서 반드시 좋은 친구라고 할 수는 없다. 오히려 그 반대로 즐기기 위한 친구는 친구로서 적합하지 않은 인물인 경우가 많다.

어떠한 경우라도 적으로는 만들지 말아라

어떤 친구를 사귀느냐에 따라 너에 대한 평가는 어느 정도 결정된 다. 부도덕하거나 어리석은 친구를 사귀는 사람은 자신도 비슷한 부류로 간주되기 쉽다.

그렇다고 부도덕하거나 어리석은 인간이 접근해 왔을 경우, 필요 이상으로 냉담하게 굴어 적을 만들어서는 안 된다. 친구로 사귀고 싶 지 않은 사람은 무수히 많겠지만 그들을 모두 적으로 만들어서는 득이 되지 않는다.

내가 만약 그러한 처지에 놓인다면 나는 적도 아니고 내 편도 아닌

중간적인 입장을 택할 것이다. 이것이 가장 안전한 방법이다.

악한 행위나 어리석은 행위는 미워할지라도 인간적으로는 적대시하지 말아야 하는 것이다.

중요한 것은 상대방이 누구이든 말해서 좋은 것과 말해서는 안 되는 것, 해서 좋은 일과 안 되는 일을 분간하여 자기 자신을 통제하는 일이다.

진정한 의미에서 사물을 분별하고 있는 사람은 드물다. 대개는 고집스럽게 입을 닫아버리거나 반대로 자기가 알고 있는 것과 생각하고 있는 것을 남김없이 털어놓아 적을 만들어 버린다. 하지만 이 두 가지 모두 잘못된 행동이라고 할 수 있다.

누구와 교제해야
자기 자신이 발전하는가?

아들아, 너는 지금 어떤 사람과 교제하고 있느냐? 함께 어울리는 사람이 누구인가 하는 것은 매우 중요한 일이다.

사람들과 교제할 때에는 아래를 보지 말고 위를 바라보거라. 가능한 한 자기보다 뛰어난 사람들과 사귀도록 노력해야 한다. 뛰어난 사람들과 사귀면 자신도 그 사람들처럼 똑같이 우수해지는 법이다. 반대로 자기보다 수준이 낮은 사람과 사귀면 자신도 그 정도의 인간이 되어버릴 뿐이다.

이왕이면 우수한 사람들이 모인 집단의 일원이 되는 것이 좋다. 그러한 모임에서 다양한 인격과 다양한 도덕관을 지닌 사람들을 살펴보는 것은 즐겁고 유익한 일이다.

그러한 모임에는 눈살을 찌푸리게 할 만큼 몰지각한 사람은 거의 없지만 교제하지 않아도 좋을 사람들은 어디에도 있기 마련이다.

먼저 너의 결점까지 칭찬하는 사람과 사귀어서는 안 된다. 그것은 어떤 일이 있어도 피해야 할 교제이다. 그들은 인격적으로 수준이 낮고 덕이 부족하고 사회적 지위도 낮은 사람, 아무것도 내세울 것이 없고 너와 사귀고 있는 것만을 자랑스레 여기고 있는 그런 사람들이다. 그런 사람들은 너를 붙잡아 두기 위해 너의 결점까지도 칭찬할 것이다. 그런 사람과는 절대로 사귀어서는 안 된다.

내가 이렇게 시시콜콜 잔소리처럼 늘어놓은 이유는 분별도 있고 사회적인 위치도 확고한 사람들이 그런 수준 낮은 사람들과 사귐으로써 스스로 신용을 떨어뜨리고 타락해가는 것을 너무도 많이 보아왔기 때문이다.

여기서 가장 문제가 되는 것이 바로 '허영심'이다. 인간은 허영심으로 인해 수많은 잘못을 야기하고 어리석은 행동을 저지르고 있다. 어느 면으로 보나 자기보다 수준이 낮은 사람과 사귀는 것은 이 허영심 때문이다. 사람은 누구나 자신이 속한 그룹에서 최고가 되기를 바라는 법이다. 그런 쓸데없는 찬사를 듣고 싶어 하기 때문에 수준이 낮은 사람들과 사귀게 되는 것이다. 하지만 그 결과는 뻔하다.

마침내 자신도 그런 사람들과 똑같은 수준이 되어 보다 훌륭한 사람과 사귀려 해도 그 뜻을 이루지 못하게 된다.

다시 한 번 강조하지만 사람은 사귀고 있는 상대와 같은 수준까지 올라가기도 하고 내려가기도 하는 법이다. 그리고 타인은 네가 사귀고 있는 상대를 보고 너를 평가하게 된다. 그러므로 너는 언제나 함께 어울리는 사람들을 심사숙고해서 결정해야 할 것이다.

기회는
스스로 만들어가야 한다

　　나는 처음으로 사교장에 나가 사람들을 소개받았을 때의 일을 또렷하게 기억하고 있다. 아직 학생 티를 벗지 못했던 나는 눈앞에 있는 어른들이 눈부시고 어렵기만 해 몸도 제대로 가누지 못하고 움츠리고 있었다.

　　마음속으로는 당황하지 말고 우아하게 행동해야겠다고 수없이 다짐했건만 인사하는 것조차 남보다 머리를 더 많이 숙이는 나의 행동은 부자연스럽고 딱딱하기 그지없었으며 누가 말을 건네오거나 내가 말을 건네려 해도 손도 발도 입도 말을 듣지 않더구나.

　　귓속말로 뭔가 소곤거리고 있는 사람들의 모습이 눈에 띄면 내 이야기를 하고 있는 것이라 생각되었고, 그 자리에 있는 모든 사람들이 나를 가리켜 웃음거리로 삼거나 비판하고 있다는 느낌이 들었다. 지금 돌이켜보면 나 같은 풋내기 따위에게 신경을 쓸 사람은 아무도 없었는데 말이다. 하지만 당시의 나는 마치 옥살이를 하는 죄인 같은 심정으로 그 자리에 있었다.

만약 눈앞에 있는 사람들과 사귀어 스스로를 갈고 닦으려는 굳은 의지가 없었더라면, 나는 그 자리에서 벌써 도망치고 말았을지도 모른다. 그러나 나는 끝까지 버텨 그 자리에 머물러 있었다. 어떻게 해서든 그 자리에 나 자신을 융화시키지 않으면 안 된다고 생각했기 때문이다.

그렇게 결심을 하고 났더니 조금은 마음이 안정되더구나. 그리고 그 다음부터는 긴장하거나 어색하게 고개를 숙이지 않았고 누군가가 말을 건네올지라도 우물거리거나 더듬거리지 않고 부드럽게 대답할 수 있었다.

네가 도전할 용기를 낸다면 너를 도와주는 사람은 얼마든지 있을 것이다. 누구든 처음부터 잘하는 사람은 없다. 긴장을 풀고 조금씩 도전을 배울 줄 알아야 한다.

내가 사교장에서 어쩔 줄 모르고 있는 것을 본 사람들이 가끔 내 곁에 다가와 말을 건네주었다. 나는 천사가 나에게 용기를 북돋워주려고 와준 것이라고 생각했다. 그렇게 생각하자, 나도 모르게 조금씩 용기가 솟아올랐다.

나는 고상하게 보이는 한 부인에게 다가가 인사를 건넸다.

"오늘은 날씨가 아주 좋군요."

그런데 그 다음에 어떤 말을 해야 할지 도무지 떠오르지 않았다. 말문이 막혀 당황하고 있는데 상대방이 부드럽게 말을 이었다.

"긴장하지 마세요. 나에게 말을 거는 데에도 상당한 용기를 내신 모양이군요. 좀 더 용기를 내세요. 당신이 허울없이 어울리려 노력한다는 것을 이 자리에 있는 사람들은 다 알고 있습니다. 누구든 처음에는 쑥스러운 마음에 쉽게 다가가지 못하지요. 내가 사람들을 좀 더 소개시켜 줄까요?"

이 말을 듣고 내가 얼마나 기뻐했는지 상상할 수 있겠느냐?

"부인의 친절한 말씀에 감사드립니다. 이런 자리가 처음이라 훌륭한 분들과 교제하는 데 익숙지 못합니다. 도와주신다면 기꺼이 받아들이겠습니다."

그 자리에서 나는 여러 사람을 소개받았고 일단 인사를 하고 나자 더이상 그 모임이 어색하지 않았다. 교제에도 의욕과 끈기가 필요하다. 다른 사람들로부터 호감을 사는 사람이 되고 싶고 또한 사회에서 남 못지않은 일을 하고 싶다면 우선 결심을 하고 끈기 있게 도전해야 한다.

"네가 도전할 용기를 낸다면
너를 도와주는 사람은 얼마든지 있을 것이다."

사람을 제대로 평가할 수 있는
안목을 길러라

젊은이들은 인간이나 사물에 대해서 보는 것, 듣는 것 모두를 과대평가하는 경향이 있다. 그 이유는 실체를 잘 모르기 때문이다. 따라서 진실을 알게 되면 그 평가는 점점 떨어지게 마련이다.

인간은 네가 생각하고 있는 것처럼 그렇게 이지적이고 이성적인 동물이 아니다. 감정의 지배를 받고 간단히 무너져 버리는 나약함을 지니고 있다.

일반적으로 유능하다는 사람들이 절대적인 존재가 아니라는 것은 너 역시 알고 있을 것이다. '유능하다'고 하는 것은 다른 사람과 비교하여 그렇게 평가되고 있는 것에 불과하다. 보통 사람들보다 결점이 적다는 이유만으로 '유능하다'고 불리고 우위에 서 있는 것처럼 보일 뿐이다. 그들은 먼저 자기 자신을 억제하고 결점을 줄임으로써 나머지 대다수 사람들을 다루고 있다.

물론 이들은 사람들을 다룰 때 이성에 호소하는 우둔한 짓은 하지 않는다. 다만 감정과 감각 등 다루기 쉬운 곳을 교묘하게 찌를 뿐이다. 따라서 실패하는 일이 거의 없다.

그러나 멀리서 살펴보면 완벽할 것 같은 이들에게도 결점은 있다.

너 자신의 눈으로 인간의 본질을 알고자 한다면 라 로쉬푸코 공작의 〈격언집〉을 읽기 바란다. 그 책만큼 인간에 대하여 많은 것을 일깨워 주는 책도 드물다. 그 책에는 인간의 있는 그대로의 모습이 정확히 서술되어 있다. 그 책을 읽으면 아마도 너는 인간을 필요 이상으로 과대평가하는 일은 없을 것이다. 그렇다고 해서 인간을 부당하게 깎아내리고 있는 책은 아니다. 그것은 내가 분명히 말할 수 있다.

젊은이다운 밝음과 쾌활함을 살려라

네 나이 또래의 젊은이들은 항상 힘이 넘쳐흐르고 있다. 그래서 선로를 부설해 주지 않으면 어느 방향으로 갈지 알 수 없고, 자신의 젊음을 분출하기 위하여 위험한 행동도 서슴지 않는다. 그러나 그런 무모한 젊은이라고 비난만 받는 것은 아니다. 거기에 신중함과 경계심이 더해지면 사람들로부터 환영받을 수도 있다.

그러므로 젊은이 특유의 들뜬 마음은 접어 두고 젊은이다운 쾌활함과 밝은 마음으로 당당히 사람들 속으로 들어가라. 젊은이의 변덕은 비록 고의적인 것이 아니더라도 상대편을 화나게 하는 수가 있지만, 발랄하고 활기찬 모습은 사람의 마음을 사로잡을 수가 있다.

물론 가능한 한 만나야 할 사람들의 성격이나 그들이 지금 어떤 상황에 놓여 있는가를 미리 알아두는 것이 좋다. 그렇게 해두면 마구잡이로 이것저것 지레 짐작하면서 말을 하지 않아도 된다.

네가 알게 될 사람들 가운데는 마음자세가 좋은 사람도 있겠지만 그렇지 못한 사람들도 있을 것이다. 비판하기 좋아하는 사람도 많지만 비판을 받아 마땅한 사람도 많이 있다. 그러한 사람들에 대해서는 그 자리에 있는 대부분의 사람들에게 적용되는 장점을 칭찬해 주거나, 단점을 옹호해 주면 된다. 그러면 그것이 아무리 일반적인 이야기라고 하더라도 자기 자신에게 해당되는 말이라고 생각하여 기뻐할 것이다.

비참한 실패와 좌절감은 인생 최고의 스승이다

사람은 자기보다 훌륭한 사람들 속에 끼어 있으면 다른 사람들이 계속 자신을 주목하고 있는 듯한 착각에 빠져들게 마련이다. 그리고 다른 사람들이 작은 목소리로 소곤거리면 자기 말을 하고 있는 것이 아닐까 지레 짐작하게 되고, 그들이 웃고 있으면 자기를 비웃고 있는 것이라고 생각하기 쉽다.

스크라브가 〈계략〉이라는 저서에서 기술한 바와 같이 "저렇게 큰

소리로 웃고 있는 것을 보면 틀림없이 나를 비웃고 있는 것이다"라고 생각하게 되는 것이다.

앞에서도 말했지만, 사람은 그러한 과정을 거치면서 서서히 성장하게 마련이다. 훌륭한 사람들 틈에 섞여 실패를 거듭하고 좌절감을 실컷 맛보는 동안 점점 세련된 태도를 몸에 익히게 되는 것이다.

친하게 지내는 주변 사람들을 몇 명 선정하여 "저는 경험이 부족하여 간혹 실수를 하거나 잘못된 행동을 할 수도 있습니다. 그런 점을 발견했을 때는 지체 말고 지적해 주십시오"라고 부탁하는 것이 좋다. 만약 지적을 받는다면 그것을 우정의 표시로 받아들이고 "고맙습니다"라고 말해야 한다.

이처럼 마음을 숨김없이 보여주며 상대방에게 도움을 청하고 도움을 준 사람에게 고마움을 표시하면 지적을 해준 사람도 흐뭇하게 생각하여 다른 사람들에게 그 이야기를 하게 되고 또 다른 도움을 받게 될 수도 있다. 그러면 많은 사람들이 친근감을 가지고 너의 무례한 행위나 부적절한 언동을 충고하게 될 것이다. 그 결과, 너는 점점 마음도 몸도 자유롭게 되고 이야기하는 상대, 함께 있는 상대 여하에 따라 카멜레온처럼 변화무쌍하게 적응할 수 있게 될 것이다.

최고가 되겠다는 허영심이
성공의 능력을 이끌어낸다

　　사람은 누구나 다른 사람으로부터 칭찬을 받고자 하는
마음을 지니고 있다. 이것은 일종의 허영심이라고 할 수 있는데, 어떤
인간이든 갖고 있는 마음이다.

　　때로 이 허영심이 지나치면 어리석은 언동이나 범죄 행위를 저지
르게 되는 경우도 있다. 하지만 일반적으로 사람들로부터 칭찬을 받
고 싶어 하는 감정은 향상심으로 연결된다.

　　다른 사람으로부터 인정을 받거나 칭찬받고자 하는 감정이 없다면
우리는 무슨 일에든 무관심해지고 그 무엇이든 할 의욕이 사라질 것
이다. 그리고 실제로 아무것도 하지 않게 된다. 그렇게 되면 자신이 본
래 지니고 있는 힘을 발휘할 수가 없다.

　　하지만 허영심이 강한 사람은 다르다. 실력 이상으로 해보이려고
있는 힘을 다해 노력하는 것이다.

　　나 또한 허영심을 많이 가지고 있었다. 하지만 나는 이것을 유감스

럽게 생각한 적이 없다. 오히려 허영심이 있었기에 좋았다고 생각한다.

사회에 첫발을 내디딜 당시에 나는 이만저만한 출세욕을 갖고 있던 게 아니었다. 무슨 일이 있어도 사람들로부터 인정을 받고 칭찬을 받겠다는 뜨거운 욕망을 가슴에 품고 있었던 것이다. 물론 그 때문에 간혹 어리석은 짓을 하기는 했지만 또한 그 이상으로 현명한 행동을 했다고 생각한다.

예를 들어 '최고가 되겠다'는 허영심은 나의 잠재능력을 이끌어냈고 비록 최고까지는 가지 못했을지언정 둘째, 셋째는 될 수 있었다. 그리고 얼마 지나지 않아 나는 많은 사람들의 시선을 받는 대상, 즉 중심적인 존재가 될 수 있었다.

나의 언동이 유행이 되고 모든 사람들이 나의 언동을 따르는 것을 보는 것은 즐거운 일이다. 나는 다양한 모임에 초대되었고, 그 모임의 분위기를 약간은 좌우하게 되었다.

또한 나는 밝고 쾌활한 사람을 만나면 누구보다도 밝고 쾌활하게 처신했고, 위엄 있는 사람들을 만나면 따라서 위엄 있게 행동했다. 나는 사람들이 나에게 베푸는 아주 작은 호의나 도움을 결코 그냥 지나치지 않았다. 일일이 신경을 쓰고 감사의 인사를 잊지 않았다.

그렇게 함으로써 상대가 만족했고, 또한 나로서도 그들과 더욱 친해질 수 있는 계기가 되었다. 그러한 행동과 얼마간의 허영심은 나를 아주 짧은 기간에 그 지역의 명사를 비롯하여 다양한 계층의 사람들과 잘 아는 사이가 되게 만들었다.

어떤 사람들은 허영심을 '인간이 지닌 천박한 마음'이라 생각할 수도 있을 것이다. 그러나 나는 그렇게 생각하지 않는다. 허영심이 있었기 때문에 현재의 '나'라고 하는 인격이 이루어진 것이라고 믿고 있다. 그리고 너에게도 젊은 날의 나와 같은 정도의 허영심이 있었으면 좋겠다고 생각한다.

사람을 성공시키는 데 허영심만큼 강력한 것도 없다. 허영심만큼 인간의 상승욕구를 자극하는 것도 드물기 때문이다.

하지만 지나친 허영심은 분명 자신을 가두는 감옥이 된다는 것을 잊지 말아야 한다.

"사람을 성공시키는 데 허영심만큼 강력한 것도 없다.
허영심만큼 인간의 상승욕구를 자극하는 것도 드물기 때문이다."

불가능과 가능을
분별할 줄 아는 능력

어떤 일이든 두려워하거나 겁을 내지 말아라. 겁이 많고 자신감이 없으면 수준 낮은 상대와 사귈 수밖에 없다. 또한 어떤 일이든 스스로 '할 수 없다'고 생각하면 하지 못하는 법이다. 일단 해 보자고 결심하고 실천에 옮기는 사람이야말로 어떠한 결과든 얻게 되는 것이다.

너는 인간적으로 특별히 뛰어난 것도 아니고 교양도 없는데 명랑하고 적극적이며 끈기가 있다는 이유만으로 출세한 사람들을 많이 보았을 것이다. 그러한 사람들은 모든 사람들로부터 환영을 받는다. 특히 어떠한 곤란을 당해도 좌절하는 법이 없다. 그들은 두 번, 세 번 넘어져도 또 다시 일어나 돌진한다. 그리고 최종적으로는 십중팔구 처음에 세운 뜻을 끝까지 밀고 나가 관철시킨다. 참으로 훌륭한 행동이라고 할 수 있다.

너는 다시 일어설 힘도 있고 긍정적인 성격을 가졌으므로 끝까지 체념하지 않는다면 어떻게든 길이 열릴 것이다.

사회생활을 잘 해내고 싶다면 먼저 능력을 갖추고 주관을 뚜렷하게 세워라. 또한 불굴의 의지와 끈기가 있으면 무서울 것이 없다. 물론 자진해서 불가능에 도전할 필요는 없겠지만 가능한 일이라면 온갖 방법과 수단을 동원해 해결하고자 하면 어떻게든 길이 열리는 법이다. 한 가지 방법으로 안 되면 다른 방법을 시도하여 알맞은 방법을 찾아내는 것이 좋다. 끝까지 체념하지 않으면 어떻게든 길이 열린다.

성급함과 냉정함의 협상

역사를 조금 되짚어 보면 강력한 의지와 끈기로 마음먹은 대로 일을 성공시킨 사람이 제법 많다는 사실을 알게 될 것이다.

마자랭(프랑스의 정치가, 추기경)과 몇 번인가의 교섭 끝에 피레네 조약을 체결한 재상 돈 루이 드 알로가 그 좋은 예이다. 그는 타고난 냉정함과 끈기로 협상을 유리하게 이끌었는데, 중요한 몇 가지는 단 한 발자국도 양보하지 않고 합의에 도달하였다.

마자랭은 쾌활하면서도 성격이 급한 인물이었다. 반면에 돈 루이는 냉정함과 침착성, 인내력을 겸비한 인물이었다. 협상의 테이블에 앉은 마자랭의 가장 큰 관심사는 파리에 있는 숙적 콩데 공이 다시 반란을 일으키지 못하도록 저지하는 일이었다. 그래서 조약 체결을 서둘러 매듭짓고 빨리 파리로 돌아가고 싶어 했다. 파리를 비워 두고 있으면 어떤 일이 벌어질지 몰랐기 때문이다.

돈 루이는 이 점을 알아차리고 협상 때마다 콩데 공의 이야기를 꺼내는 것을 잊지 않았다. 그 때문에 마자랭은 한때 협상 테이블에 앉는 일조차 거부할 정도였다. 결국 변함없는 냉정함으로 끝까지 밀어붙인 돈 루이가 조약을 유리하게 체결하는 데 성공하였다.

여기서 중요한 것은 불가능과 가능을 분별하는 능력이다.

단지 어려울 뿐이라면 관철하려는 정신력과 인내력이 있으면 어떻게든 일이 가능해진다. 물론 그에 앞서 깊은 주의력과 집중력이 요구되는 것은 두말할 필요도 없다.

"사회생활을 잘 해내고 싶다면
먼저 능력을 갖추고 주관을 뚜렷하게 세워라.
또한 불굴의 의지와 끈기가 있으면 무서울 것이 없다."

LETTERS TO HIS SON

인간 관계의 비결

다른 사람을
기쁘게 하는 사람이 되어라

앞에서 어떠한 사람들과 교제해야 하는가를 이야기 했는데, 오늘은 그 사람들과의 교제에서 어떠한 언행이 필요한가에 대해 이야기하고자 한다. 아무리 훌륭한 사람들과 깊은 교분을 맺는다 해도 너에게 상대방을 기쁘게 해주려는 마음이 없다면 아무런 소용이 없다.

언젠가 너는 나에게 여행을 할 때 친절한 대접을 받아 아주 기뻤다는 말을 한 적이 있다. 다른 사람이 너에게 마음을 써준 것이 기쁘다면 너 역시 다른 사람에게 마음을 써주어라. 네가 마음을 써주고 친절하게 대하면 상대방도 기뻐하는 법이며, 이것이 사람과 교제하는 최상의 원칙이다.

네가 기쁘게 받은 것을 다른 사람에게도 해주어라

　사람은 누구나 자기가 사랑하는 사람이나 존경하는 친구에 대해서는 스스로 나서서 상대방을 염려하고 기쁘게 해주고자 하는 마음이 솟아나게 된다. 이러한 마음이 없으면 실제로 사람들을 기쁘게 해줄 수가 없다. 사귐의 원칙은 상대방을 생각하는 마음에 있는 것이다. 그러한 마음이 있으면 어떤 언동을 취해야 좋은가는 저절로 알게 된다.

　이처럼 사람을 기쁘게 해주려는 마음은 누구나 가지고 있지만 사람과 사귀는 가운데 실제로 사람을 기쁘게 해주는 방법을 알고 있는 사람은 드물다. 그렇다고 해서 어떤 특별한 원칙이 있는 것은 아니다.

　내가 한 가지 말하고 싶은 것은 다른 사람이 너를 기쁘게 해준 것을 너도 다른 사람에게 해주라는 것이다. 곰곰이 생각해 보면 다른 사람이 너에게 무슨 일을 해주었을 때, 네가 무척 기뻤는지를 잘 알 수 있을 것이다. 그것을 알았으면 너도 똑같은 일을 해주면 된다. 그러면 상대방은 틀림없이 기뻐할 것이다.

상대방을 기쁘게 해주는 네 가지 기술

　첫째, 대화를 혼자서 독점하지 말아라.

　이야기를 유창하게 잘하는 것은 좋지만 자기 혼자 정신없이 떠들어대는 것은 좋지 않다. 만약 오랫동안 얘기하지 않으면 안 될 경우라면 적어도 듣고 있는 사람을 지루하게 만들지 않도록 하고, 가능한 상대방이 즐겁게 들을 수 있도록 신경을 써야 한다. 하지만 어디까지나 혼자서 이야기하는 시간은 최소한으로 줄여야 한다.

반대로 네가 혼자서 대화를 독점하는 몰지각한 사람의 대화 상대가 되었다면 적어도 겉으로는 그 사람에게 관심이 있는 척하며 가만히 참고 있어야 한다. 눈에 띄게 싫거나 지루한 내색을 해서는 안 된다. 말하는 사람에게 상대방이 자신의 말에 귀를 기울여 주는 것보다 더 기쁜 일이 없을 것이다.

둘째, 상대에 따라 화제를 선택해라.

이야기 내용은 가능한 한 그곳에 모인 사람들이 모두 좋아할 만한 것이나 유익한 것을 선택해라. 역사, 문학 및 다른 나라 이야기는 날씨나 옷, 세간의 소문보다 훨씬 유익하고 즐거울 것이다.

간혹 가벼우면서도 익살스러운 이야기가 필요할 경우도 있다. 이런 것은 내용적으로는 그다지 쓸모없지만 여러 부류의 사람들이 모였을 때는 공통의 화제로 적절하다. 게다가 협상 테이블에서 더 이상 대화를 계속하면 험악한 분위기가 될 듯할 때, 가벼운 이야기를 하면 무겁던 분위기가 단번에 사라지기도 한다. 분위기의 반전을 위해 재치 있는 화제를 들고 나오는 것은 조금도 부끄러운 일이 아니다. 오히려 고단수의 대화법이라고 할 수 있다.

만약 자신에게 자신감 있는 화제가 없으면 스스로 화제를 택하기보다 다른 사람의 싱거운 이야기에 잠자코 맞장구를 쳐주는 것도 좋다. 의견이 대립될 만한 화제는 피하는 것이 좋다. 그렇지 않으면 의견을 달리 하는 사람과의 사이에 험악한 분위기가 연출될지도 모른다. 그러므로 의견이 대립되어 대화가 달아오르게 될 듯하면 얼버무리든가 기지를 살려 그 화제를 끝맺음하는 편이 좋다.

셋째, 자기 자신의 이야기만 하지 말아라.

원만한 대화를 위해서는 공통의 관심사나 서로에게 도움이 될 만한 것을 화제로 삼는 게 좋다. 네 자신에 대한 이야기는 될 수 있으면 피하도록 해라. 아무리 훌륭한 사람일지라도 자기 이야기를 하다 보면 허영심이나 자존심이 자연스럽게 흘러나와 다른 사람들에게 불쾌감을 주는 법이다.

자기 자신의 이야기에도 여러 가지가 있다. 화제의 흐름과 상관없이 자기 이야기를 갑자기 꺼내어 결국에는 자기 자랑으로 끝내는 사람이 있는데 이것은 예의에 어긋나는 일이다.

그리고 보다 교묘하게 자기 이야기를 끌어내는 사람도 있다. 예를 들면 마치 자기가 이유 없이 비난을 받고 있는 것처럼 행동하며 그런 비난은 부당하다고 말한 뒤, 자기를 정당화한다.

이렇게 스스로를 정당화하려 애쓰는 사람들은 그런 식으로 한탄해도 주위 사람들이 동정하지 않고 도와주지도 않으며 다만 곤혹스러워

할 뿐이라는 것을 모르고 있다.

넷째, 자기 자랑으로 평가받지 말아라.

그중에는 시시한 것까지 증거로 내세워 노골적으로 자기 자랑을 하는 사람도 있다. 그들의 이야기가 진실일지라도 그렇게 떠벌리는 사람이 실제로 칭찬을 받는 경우는 드물다.

그럼에도 불구하고 허영심 때문에 바보 같은 말을 늘어놓거나 이야기를 과장하는 사람들이 매우 많다. 그 때문에 본래의 목적을 이루지 못하고 오히려 자신에 대한 평가를 떨어뜨리고 만다. 본질과 전혀 관계가 없는 것을 자랑한다는 것은 내용이 없다는 것을 스스로 폭로하는 것과 다르지 않다.

이러한 자랑을 늘어놓느니 차라리 침묵하고 있는 편이 더 나을 것이다. 이처럼 어리석은 행위로부터 스스로를 지키는 유일한 방법은 자기 이야기를 하지 않는 것이다. 어쩔 수 없이 자신의 이야기를 해야만 할 경우에도 자기 자랑을 하고 싶어 안달이라는 오해를 받을 만한 말을 삼가는 것이 좋다.

인격이라는 것은 선악에 관계없이 언젠가는 알려지게 마련이다. 그러므로 일부러 스스로 말할 필요가 없다. 더구나 자기 입으로 말한다면 아무도 그것을 인정해 주지 않을 것이다.

또한 약점을 자기의 입으로 먼저 말하면 그 결점을 숨길 수 있다거나 장점이 더욱더 빛날 것이라는 생각은 아예 버리는 것이 좋다. 그런 짓을 하면 결점은 한층 더 돋보이고 장점은 흐려져 버린다. 아무리 교묘하게 변장을 했을지라도 자기 스스로 그것을 말해 버리면 주위 사람들의 반감을 사서 뜻하지 않은 결과에 실망하게 될 것이다. 그렇게 되지 않기 위해서는 자기 이야기를 하지 않는 것이 가장 현명하다.

좋은 인상을 남기려거든
눈으로 표현하라

무엇을 생각하고 있는지 알 수 없는 사람이나 성격이 아주 어두워 보이는 사람은 타인으로부터 그리 환영받지 못한다.

특히 어떤 생각을 하고 있는지 알 수 없는 사람에게는 어느 누구도 자신의 속마음을 이야기하려 하지 않는다.

능력 있는 사람은 비록 내면은 신중할지라도 그것을 밖으로 드러내지 않으며 외면적으로 상냥하고 영리한 것처럼 행동한다. 자신의 본심은 굳게 지키면서도 언뜻 보기에는 개방적인 것처럼 행동하여 상대방의 방어를 풀어버리는 것이다.

그렇다면 왜 내면을 드러내지 않고 신중하게 처신해야 할까? 생각 없이 아무 말이나 마구 지껄이면 그 말이 와전되어 엉뚱한 결과를 낳을 수도 있기 때문이다. 그러므로 상냥하게 행동하는 것과 더불어 신중함도 기해야 한다.

상대방의 말은 귀가 아닌 눈으로 들어라

말을 할 때나 들을 때는 항상 상대방의 눈을 보아야 한다.

상대방의 시선을 피한다면 뭔가 양심의 가책을 받는 일이 있는 것은 아닌가 하고 의심을 받게 된다. 특히 대화를 할 때 상대방의 눈을 쳐다보지 않는 것만큼 실례가 되는 일도 드물다.

천장을 쳐다보거나 창문 밖을 내다보거나 담뱃갑을 만지작거리지 말아라. 그런 행동들은 지금 자기에게 말하고 있는 사람보다 그런 것이 더 중요하다고 공언하는 것과 다름없다. 조금이라도 자존심이 있는 사람은 그런 행동을 보고 화를 내거나 불쾌감으로 얼굴을 찌푸릴 것이다.

상대방의 눈을 보지 않는다는 것은 자신의 인상을 나쁘게 전달할 뿐만 아니라, 자기의 말이 상대방에게 어떻게 받아들여졌는가를 관찰할 수 있는 기회를 포기하는 것과 같다. 상대방의 속마음을 읽으려면 귀보다 눈에 의지하는 편이 낫다고 나는 오래전부터 생각해 왔다.

생각하고 있지 않은 것을 입으로 말하기는 간단하지만 눈에 나타내기는 무척 어려운 일이기 때문이다.

하찮은 버릇으로 자신을 깎아내리지 말아라

다음으로 당부하고 싶은 것은 다른 사람의 나쁜 소문에 귀를 기울이거나 말을 퍼뜨리지 말라는 것이다. 그런 짓을 하면 당장은 즐거울지 모르지만 냉정하게 생각해 보면 아무런 득이 없다는 것을 알게 될 것이다. 오히려 헐뜯는 그 사람이 비난을 받을 뿐이다.

너무 지나치게 큰 소리로 웃는 것도 좋지 않다. 큰 소리로 웃는 것은 보잘것없는 것에서 기쁨을 느끼는 어리석은 인간이 하는 짓이다. 참으로 기지가 풍부한 사람, 분별 있는 사람은 결코 다른 사람을 바보같이 웃기거나 스스로 바보같이 웃지 않는다. 단지 조용히 미소 지을 뿐이다.

또한 말을 하면서 헤프게 웃는 버릇은 좋은 인상을 남기기 어렵다. 특히 잘 모르는 사람은 그러한 버릇을 보고 이상한 사람이라고 생각할 수도 있다. 하긴 실없이 웃는 사람이라면 그러한 평가를 받아도 어쩔 수 없는 일이다.

그밖에도 사람에게는 그다지 좋은 인상을 남기는 행동이라고 할 수 없는 버릇들이 매우 많다. 예를 들어 어색한 동작이나 이상한 몸짓, 코나 몸에 손을 대거나 뭔가를 만지작거리는 행동은 결코 좋은 버릇이 아니다.

곰곰이 뜯어보면 어딘지 모르게 어색하고 침착성이 결여된 사람에게 그러한 버릇이 있음을 알 수 있다. 나쁜 짓을 하고 있는 것은 아니지만 타인이 보기에 좋지 않은 것이므로 가능한 하지 않는 것이 좋다.

"상대방의 속마음을 읽으려면
귀보다 눈에 의지하는 편이 낫다고 나는 오래전부터 생각해 왔다.
생각하고 있지 않은 것을 입으로 말하기는 간단하지만
눈에 나타내기는 무척 어려운 일이기 때문이다."

조직에서 성공하는 비결

　　어떤 그룹에든 그 그룹 특유의 배경과 지배적인 사고방식이 있는 법이다. 거기에서 독특한 표현법과 말씨가 생겨나고 더 나아가 유머나 농담이 발전하게 되는데, 그것을 다른 그룹으로 가져가면 그곳에서는 재미를 느끼지 못할 수도 있다.

　　농담뿐만이 아니다. 어떤 모임에서 들은 이야기는 다른 모임에 가서 함부로 꺼내서는 안 된다. 별다른 생각 없이 꺼낸 이야기가 돌고 돌아 상상을 초월하는 중대한 사태를 초래할지도 모르는 것이다. 게다가 이것은 예의에 어긋나는 행위이다. 비록 규약은 없지만 모임에서 나눴던 대화 내용을 함부로 유포하지 않는다는 것은 무언의 약속인 것이다. 그것을 어기면 여기저기서 비난을 받을 뿐만 아니라 어디를 가나 좋은 사람으로 받아들여지지 못한다.

　　어떤 그룹이든 소위 '호인'이라 불리는 사람이 있다. 사람 좋다는 이유만으로 그 집단에 들어가게 된 사람이다.

그러나 그들을 자세히 관찰해 보면 별다른 매력이 없으며 자신의 의지도 의견도 없는 경우가 많다. 또한 그들은 동료들이 한 일이나 말한 것이라면 어떤 것이든 쉽게 동의하고 양보하고 칭찬을 한다. 동료들 대부분이 동의했다는 사실만으로 아무리 잘못된 일이라도 쉽게 받아들이는 것이다. 어쩌면 그래야만 그룹에서 존재 가치를 인정받기 때문인지도 모른다.

너는 보다 떳떳한 이유로 그들의 일원이 되어야 한다. 그러기 위해서는 자신의 의지와 의견을 가지고 있어야 하며 그것을 쉽게 바꾸지 않는 것이 중요하다. 다만 그것을 표현할 때에는 예의바르게, 약간의 유머를 섞어 가능한 한 품위를 갖추고 말하기 바란다. 특히 젊은이가 주의할 것은 높은 위치인 척하거나 비난하듯 말하는 것을 피해야 한다는 점이다.

그리고 아첨이 아니라면 다른 사람에게 친절하게 대하는 것은 교제에 있어 빼놓을 수 없는 자세이다.

예를 들어 작은 결점은 못 본 체하고 눈에 거슬리는 언동도 너그러이 봐주며 일정한 범위 안에서 적극적으로 듣기 좋은 말을 하는 것은 허용될 만한 행동이다. 설사 공치사일지라도 그것이 상대방을 향상시키는 계기가 된다면 치켜세워 주는 것이 좋다.

조직의 리더를 따르는 것도 능력이다

어떤 그룹이든 그 그룹의 언어나 복장, 취미, 교양을 좌우하는 인물이 있게 마련이다. 그 인물이 만약 여성이라면 미모와 기지, 복장, 그밖에 모든 면에서 뛰어난 점이 있을 것이다. 좀 더 근본적인 차원에서 보면 그룹 전체를 이끌고 나갈 수 있는 인물인가 아닌가가 결정적인 요소가 되는데, 모든 사람들이 그러한 사람에게 집중하는 것은 자연스러운 일이다. 그리고 이러한 사람에게는 어느 정도 카리스마가 존재한다.

네가 그 집단의 일원인 경우, 그 사람의 행동과 스타일이 네 마음에 들지 않는다고 하여 그 사람의 의견에 사사건건 말꼬리를 잡고 반대 의견을 내면서 따르지 않는다면 어떻게 될까?

결과는 집단으로부터의 추방이다. 너의 어떠한 재치와 예절, 취미와 복장도 당장 거절당하고 만다. 조직을 리드하는 사람에게 일부러 저항하지 마라. 오히려 그를 잘 따르고 지나치거나 거짓되지 않은 범위 내에서 그를 칭찬해 주는 것이 좋다. 그 영향력은 큰 추천장을 받은 것과 같아서 그 집단뿐 아니라 다른 집단까지도 자유롭게 넘나드는 기회를 얻게 될 것이다.

"작은 결점은 못 본 체하고 눈에 거슬리는 언동도 너그러이 봐주며
일정한 범위 안에서 적극적으로
듣기 좋은 말을 하는 것은 허용될 만한 행동이다.
설사 공치사일지라도 그것이 상대방을 향상시키는 계기가 된다면
치켜세워 주는 것이 좋다."

상대방을 배려할 수 있는
사람이 되어라

　　사람들에게는 제 나름의 버릇이나 취미, 좋고 싫음의
감정이 있기 마련이다. 그리고 각자의 마음속에는 '이것만은 꼭 지키
고 싶다'는 자존심이 있다.

　그 점을 관찰하여 잘 알아두어야 한다. 그리고 좋아하는 것을 상대
방의 눈앞에 내놓고 싫어하는 것은 집어넣어라.

　네가 누군가를 접대해야 하는 자리에서 이 정도의 배려는 필요하다.

　"당신이 좋아하는 술을 준비해 놓았습니다."

　"그분을 그다지 좋아하지 않는 것 같아 오늘은 초대하지 않았습
니다."

　자연스러운 배려가 상대방의 마음을 열게 하고 감격하게 만드는
것이다. 반대로 싫어하는 것을 알고 있으면서도 부주의하여 그것을
내놓는다거나 실수를 한다면 결과는 뻔하다. 상대방은 바보 취급을
당했다고 오해하거나 경멸당했다고 생각하여 두고두고 좋지 않은 감

정을 품게 되는 것이다.

아주 사소한 것이라도 상관없다. 사소하면 할수록 상대방은 더욱더 특별한 배려를 느끼고 감격하는 법이다.

상대방이 칭찬받고 싶어 하는 것을 칭찬하라

너도 한 번쯤은 사소한 배려가 사람을 얼마나 기분 좋게 해주는지를 경험해 본 적이 있을 것이다.

뿐만 아니라 사소한 배려로 상대방에게 호감을 갖게 되고 그 사람이 하는 일이나 행하는 모든 것에 관심을 기울이게 되는 법이다. 그리고 그 사람의 모든 것을 호의적으로 받아들이게 된다. 인간이란 그런 것이다. 특정한 인물의 마음에 들고 싶고 그 사람과 친구가 되고자 한다면 그의 장점과 단점을 찾아내 그가 칭찬받고자 하는 것을 칭찬해라. 실제로 우수한 부분과 우수하다고 인정받고 싶은 부분은 다르다. 우수한 부분을 칭찬받는 것은 기쁜 일이지만, 그보다 더 기쁜 것은 우수하다고 인정받고 싶어 하는 것을 칭찬받는 일이다.

정치가로서 뛰어난 재능을 가지고 있었던 추기경 리슐리외의 일을 생각해 보기 바란다. 그는 정치가로서의 명성에 만족하지 못하고, 시인으로서 누구보다 뛰어나다는 것을 인정받고 싶다는 쓸데없는 허영심에 들떠 위대한 극작가 코르네유의 명성을 시기하여 평론가에게 부탁하여 억지로 〈르 시드〉의 비평을 쓰게 했다.

이것을 안 아부 잘하는 자들은 리슐리외의 정치수단에 대해서는 거의 언급하지 않고 혹은 언급을 해도 극히 형식적인 범위에 그치고 오로지 시인으로서의 재능을 크게 칭찬하였다.

그들은 그렇게 하는 것이 자신들에게 호의를 갖게 하는 최고의 약이라는 것을 알고 있었던 것이다. 사실 리슐리외는 정치에는 자신이 있었지만 시인으로서의 재능에는 자신이 없었다. 그렇기 때문에 그 부분에서 더욱더 칭찬을 받고 싶어 했던 것이다.

어떤 사람이라도 다른 사람의 칭찬을 받고 싶어 하는 점이 있는 법이다. 그것을 발견하기 위해서는 관찰하는 것이 최상이다. 그 사람이 즐겨 화제로 삼는 것을 주의해서 잘 살펴보면 된다.

사람들은 대개 자기가 칭찬받고 싶은 것, 뛰어나다고 인정받고 싶은 것을 가장 많이 화제에 올리는 법이다. 그곳이 바로 급소이다. 그곳을 찌르면 상대방은 함락된다.

그렇다고 천박스러운 아첨으로 사람을 조종하라는 것은 아니다. 남의 결점이나 나쁜 행동까지 칭찬할 필요는 없고 칭찬을 해서도 안 된다. 오히려 그런 것은 증오해야 하며 좋지 않다고 지적을 해주어야 한다.

그렇다고 해도 인간의 결점이나 천박하고 주책없는 허영심을 너무 시시콜콜 캐내어 면박을 주는 것도 바람직하지 못하다.

누군가가 실제보다 현명한 인간으로 인정받고 싶어 하거나 아름답게 보이고 싶어 한다고 해서 그것이 타인에게 해가 되는 것은 아니다.

그리고 그런 사람들에게 그런 생각은 잘못된 것이라고 아무리 설명해 보았자 소용없는 일이다.

그러므로 나 같으면 면박을 주어 불쾌한 인상을 주기보다는 차라리 다소 공치사를 할지라도 그들의 마음을 기분 좋게 해주어 친구가 되는 편을 택하겠다.

물론 상대방에게 장점이 있다면 너도 기분 좋게 찬사를 보낼 수 있을 것이다. 네가 볼 때에는 그다지 칭찬할 만한 일이 아니더라도 사회에서 인정받고 있다면 차라리 눈을 감고 칭찬하는 것이 나은 법이다.

너는 남을 칭찬해 주는 재주가 별로 없는 모양인데, 그것은 인간이 얼마나 자기의 생각이나 취미를 인정받고 싶어 하는지, 더 나아가 확실히 잘못된 생각이나 자신의 조그마한 결점까지도 너그럽게 봐주기를 얼마나 희망하고 있는지 아직 잘 모르기 때문이다.

듣지 않는 곳에서 하는 칭찬이 가장 기쁘다

특히 상대방을 가장 기쁘게 하는 칭찬은 다소 전략적이기는 해도 듣지 않는 곳에서 하는 칭찬이다. 그렇다고 해서 단순히 못 듣는 곳에서 칭찬만 하는 것으로는 의미가 없다. 그 말이 칭찬의 대상에게 확실히 전해지지 않으면 안 된다. 따라서 칭찬한 말을 전해 줄 사람을 택하는 일이 중요하다.

이때, 전달을 함으로써 함께 덕을 볼 사람을 찾으면 된다. 그렇게 하면 확실히 전해 줄 뿐만 아니라 어쩌면 과장까지 해서 전달해 줄지도 모른다. 다른 사람에 대한 찬사 중에서 이보다 더 기쁜 것 그리고 효과적인 것은 없다고 할 수 있다.

지금까지 말해 온 것들은 앞으로 사회생활에 첫발을 내딛게 되는 네가 기분 좋은 교제를 하는 데 있어서 꼭 필요한 것들이라고 생각해도 좋을 것이다.

나도 네 나이 때 이런 것들을 알고 있었다면 얼마나 좋았을까? 나의 경우에는 이 정도를 아는 데 35년의 세월이 걸렸다. 하지만 지금 네가 그 열매를 거두어 준다면 바랄 게 없단다.

"실제로 우수한 부분과 우수하다고 인정받고 싶은 부분은 다르다.
우수한 부분을 칭찬받는 것은 기쁜 일이지만,
그보다 더 기쁜 것은 우수하다고 인정받고 싶어 하는 것을 칭찬받는 일이다."

친구가 많은 사람이
최고의 강자이다

이 세상에는 적이 없는 사람도 없고, 모든 사람들에게 사랑받는 사람도 존재하지 않는다. 물론 그렇다고 해서 사랑받으려는 노력을 하지 않아도 좋다는 뜻은 아니다.

나의 오랜 경험에 의하면 친구가 많고 적이 적은 사람이 세상에서 최고로 강한 사람이다. 이런 사람은 원한을 사거나 질투를 받는 일이 좀처럼 없으므로 누구보다 빨리 출세한다.

그런 면에서 생각해 보면 친구를 많이 사귀고 적을 가능한 한 적게 만드는 것이 세상살이에 좋지 않겠느냐.

사람은 두뇌가 아니라 배려로 자신을 지킨다

인덕을 얻는 것은 그리 어려운 일이 아니다. 우아한 태도, 진지한 눈빛, 세심한 배려, 상대를 즐겁게 해줄 수 있는 말, 분위기, 패션 등과 같이 아주 사소한 것들이 쌓여 상대의 마음을 붙잡을 수 있다.

혹시 오몬드 공작의 이야기를 들은 적이 있느냐? 그는 비록 머리는 나빴지만 예의범절에 있어서만큼은 비교할 사람이 없을 정도로 신망을 자랑했던 인물이다.

그는 본래 싹싹하고 다정한 성격인 데다가 궁정생활과 군대생활에서 몸에 익힌 유연한 태도와 자상한 마음의 배려가 더해져 자신의 무능력을 보충하고도 남음이 있었다. 그 결과, 그는 누구에게도 유능하다는 평가는 받지 못했지만 누구에게나 사랑을 받았다.

앤 여왕이 죽은 후, 불온한 움직임을 보인 사람들이 탄핵재판을 받게 되었을 때 같은 혐의로 처벌을 받게 된 오몬드 공작에 대한 사람들의 태도는 그의 인망이 어느 정도였는지를 충분히 가늠하게 한다. 비록 그는 탄핵을 받기는 했지만 당시 정당간의 치열한 다툼에도 불구하고 그를 철저하게 몰락시키려는 태도를 보인 사람은 없었다.

그의 탄핵결의안은 다른 사람에 대한 탄핵안보다 훨씬 적은 찬성표로 상원을 통과했던 것이다. 심지어 탄핵의 주동자이기도 했던 당시의 국무대신 스탠호프가 앤 여왕의 뒤를 이은 조지 1세와 재빨리 교섭하는 등 조정에 나서 그 다음 날 오몬드가 왕을 접견하도록 조치를 취해 놓을 정도였다.

하지만 오몬드 공작을 빼앗기면 소송에서 이길 수 없다고 판단한 스튜어트 왕조 부활파의 로체스터 주교가 급히 이 머리회전이 빠르지 못한 오몬드에게 달려가 "조지 1세와 접견해 보았자, 불명예스러운 복종을 강요당할 뿐 용서받을 수는 없다"고 설득하여 오몬드 공작을 도망치게 하였다. 그 후, 오몬드 공작의 특권 박탈이 가결되었을 때에는 그것에 항의하는 민중들이 치안을 문란케 하는 등 대소동이 일어났다.

이런 일은 모두 오몬드가 다른 사람을 기쁘게 해주려는 인자한 마음씨를 가지고 있었고 또한 그것을 몸소 실천했기 때문이 아니겠느냐.

사랑받고자 하는 노력을 게을리하지 말아라

만약 나에게 지금까지 살아온 40년 이상의 경험을 가지고 20세부터 인생을 다시 시작해 볼 기회가 주어진다면, 인생의 대부분을 가능한 한 많은 사람들로부터 사랑받도록 노력하는 데 쓰고 싶다.

자신이 원하는 몇몇 사람들에게 사랑받기 위해 골몰하는 것보다는 많은 사람들의 사랑을 받고 그 속에서 편안히 지내는 편이 낫다. 그것이 가장 큰 방패이다.

남성이든 여성이든 인간은 신망에 약한 법이다. 신망을 방패로 삼고 있는 사람은 성공 가능성이 높고 사람들로부터 주목을 받는다.

이러한 신망을 얻는 것은 그다지 어려운 일이 아니다. 우아한 태도, 진지한 눈매, 마음의 배려, 상대를 기쁘게 하는 말, 분위기, 복장 등 아주 작은 행위가 모이고 모여 상대의 마음을 사로잡을 수 있는 것이다.

나는 한때 아름답다고는 말할 수 없는 여성을 사랑한 일이 있다. 그 여자는 기품이 넘치고 다른 사람을 기쁘게 하는 방법, 마음을 사로잡는 방법을 터득하고 있었다. 나는 지금까지 내 인생에서 그녀와 사랑에 빠졌을 때만큼 타인에게 마음을 쏟았던 적은 없었던 것 같다.

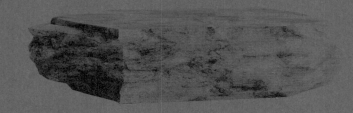

LETTERS TO
HIS SON

Part.8

더 나은 인격을 길러라

상대방의 마음을 사로잡기 위해
품위를 잃지 마라

사람을 일종의 조형물로 비유할 수도 있을 것 같다. 기초를 단단히 다지고 뼈대를 제대로 갖출 때 조형물이 제 구실을 하듯이 너라고 하는 작은 건축물도 이제 서서히 그 골조가 완성되어 가고 있구나. 나머지 작업을 아름답게 마무리 짓는 것은 너의 임무이며 또한 나의 관심사이다. 너는 온갖 우아함과 기본적인 소양을 몸에 익혀야 한다. 그것은 골조가 튼튼하게 서 있지 않으면 보잘것없는 장식에 불과하지만, 골조가 단단히 서 있으면 건축물을 돋보이게 한다. 아니, 아무리 단단한 골조라도 장식이 없으면 매력이 반감되고 만다.

우아함과 견고함을 함께 갖춘 건축물이 되어라

너는 토스카나식 건축에 대해서 잘 알고 있을 것이다. 그것은 모든 건축 형식 중에서 제일 튼튼한 양식이지만 동시에 가장 세련되지 못하고 멋없는 양식이기도 하다.

물론 튼튼하다는 점만 놓고 볼 때에는 대건축물의 기초나 토대에 안성맞춤이라고 할 수 있지만 만약 모든 건물을 그러한 양식으로 세운다면 어떻게 될까?

아무도 건물에 시선을 두거나 그 앞에서 발을 멈추고 바라보지 않을 것이다. 그런데 만약 토스카나식의 토대 위에 우아하고 견고한 도리아식, 이오니아식, 크린트식의 기둥이 늘어서 있어 아름다움을 겨루고 있다면 어떨까?

건축 같은 것에 전혀 흥미가 없는 사람일지라도 무의식 중에 시선이 머물고, 자기도 모르게 발걸음을 멈출 것이다. 그리고 안으로 들어가 보고 싶은 마음이 생길 것이다.

자기를 보다 돋보이게 하는 재능을 연마하라

여기에 한 사람이 있다. 그는 지식이나 교양 수준은 보통이지만 언뜻 보기에도 인상이 좋고 말하는 솜씨에도 호감이 간다. 또한 말하는 것이나 행위에 품위가 느껴지고 정중함과 사교성이 묻어나는, 한 마디로 말해 자기 자신을 돋보이게 하는 재능이 뛰어난 인물이다.

또 다른 사람이 있다. 그는 지식이 풍부하고 판단력 또한 정확한 사람이지만 앞에서 말한 사나이처럼 자신을 돋보이게 하는 재능은 뒤떨어진다. 이들 두 사람 중에서 누가 세상의 풍파를 더 잘 헤쳐 나갈 수 있을까? 당연히 앞의 사람이다.

사람들은 보통 겉모습을 보고 상대방을 평가하거나 마음을 빼앗긴다. 예의범절이나 몸가짐에 집중하고 그 이상으로 내면을 보려고 하지 않는 것이다. 실제로 눈이나 귀에 거슬리는 것, 마음을 열기 싫은 것에는 머리도 따라가지 않는 법이다.

모든 행동에 꼿꼿한 품위를 지켜라

그러므로 철저하게 품위를 유지해라. 사람의 마음을 사로잡고 싶으면 먼저 오감에 호소하는 것이 중요하다. 눈을 기쁘게 해주고 귀를 즐겁게 해주어라. 그렇게 해서 상대방을 꼼짝 못하게 한 다음 마음을 빼앗아야 한다. 그런 의미에서 '철저하게 품위를 유지하라'고 권하고 싶다.

똑같은 일을 할지라도 품위가 느껴지는 것과 그렇지 못한 것에는 받아들이는 데 있어서 하늘과 땅만큼의 차이가 있는 법이다.

곰곰이 생각해 보아라. 대답하는 것이 차분하지도 못하고 옷차림도 단정치 못하며 말을 더듬거리거나 작은 목소리로 우물쭈물한다면 혹은 행동거지가 부주의하다면 처음 만나는 사람이 어떤 인상을 받겠느냐?

그 사람에 대해 아무것도 모르면서 그리고 어쩌면 그 사람이 다른 훌륭한 면모를 가지고 있을지도 모르는 상태에서 그저 외형적으로 나타난 모습만 가지고 그 사람을 마음속으로부터 거부하지는 않을까?

반대로 모든 행동에 품위가 느껴진다면 어떠할까?

내면 같은 것은 몰라도 일단 그 사람에게 호의를 갖게 되지는 않을까?

무엇이 그토록 사람의 마음을 끄는지를 설명하기란 어려운 일이다. 그러나 말로는 설명할 수 없는 그 무엇, 즉 사소한 동작이나 말이 상대방의 마음을 사로잡는 것만이 분명하다.

산뜻한 옷차림, 부드러운 행동, 절도 있는 몸가짐, 듣기 좋은 목소리, 구김살 없고 그늘 없는 표정, 상대방의 기분을 맞추면서도 분명한 말솜씨 등 하나하나의 행동이 상대방의 마음을 사로잡는 것임에 틀림없다. 이것은 마치 모자이크가 한 조각만으로는 아름답지 않지만 전체가 모이면 하나의 무늬가 되어 아름다운 것과 비슷하다.

다른 사람의 장점을
나의 것으로 만들어라

      사람의 마음을 사로잡는 말씨와 몸가짐, 곧 행동은 누구든 몸에 익힐 수 있다. 훌륭한 사람들을 주의해서 관찰하고, 그들이 하는 행동을 배워 내 것으로 만들면 된다. 사람들과 빈번하게 교류할 수 있는 기회가 주어지고 또한 자신에게 그럴 마음만 있다면 반드시 그렇게 할 수 있는 것이다. 그러므로 훌륭한 사람들을 잘 관찰하여 무엇이 그렇게 좋은 인상을 주고 있는가를 생각하기 바란다. 대개는 여러 가지 장점이 한데 어우러져 상대방의 마음을 사로잡는 것이겠지만 보통 겸손하지만 당당한 태도, 비굴하지 않은 존경의 표현, 우아하고 꾸밈없는 몸가짐, 절도 있는 자세가 사람의 마음을 끌게 된다.

     특히 모든 사람들로부터 예의범절이 훌륭할 뿐만 아니라 호감을 살 수 있는 인물이라고 인정받고 있는 사람을 만나면 주목하여 주의 깊게 관찰해 보는 것이 좋다.

     예를 들면 손윗사람에게 어떠한 말투로 대하고 있는지, 자기와 지위가 같은 사람과는 어떠한 교제를 하고 있는지, 자기보다 지위가 낮은 사람은 어떻게 다루고 있는지 등을 주의 깊게 관찰하는 것이다.

그리고 오전 중에 다른 사람을 방문했을 때는 어떤 내용의 이야기를 하는지, 식탁에서는 어떠하며 저녁 모임에서는 어떤지 등을 잘 관찰하여 그대로 해보는 것이 바람직하다.

다만 원숭이처럼 흉내만 낼 것이 아니라 자신의 개성을 가미해야 한다. 예술가가 처음에는 다른 예술가의 작품을 모방하지만 나중에는 자신만의 아름다움과 개성을 담아내는 것처럼 말이다.

그를 지켜보면 너는 그 사람이 남을 소홀히 다루는 일, 무시하는 일, 자존심이나 허영심을 손상시키는 일은 절대로 하지 않는다는 것을 알게 될 것이다. 더불어 상대하는 사람에 따라 경의를 표하거나 평가를 하거나 배려를 하는 등 상대방을 기쁘게 하여 마음을 사로잡고 있다는 것도 알 수 있을 것이다.

결론적으로 말해 뿌리지 않은 씨는 자라지 않는 법이다. 주위에서 호감이 가는 인물도 온갖 정성을 다하여 씨를 뿌리고 풍성하게 맺은 열매를 수확하고 있는 것에 불과하다.

호감을 얻을 수 있는 언행은 실제로 흉내를 내다보면 반드시 몸에 익힐 수 있다. 그것은 현재의 자신을 돌아보면 충분히 알 수 있는 일이다. 인간이란 누구나 흉내를 통해 배우고 익히며 성장하게 되는 것이다. 따라서 무엇보다 중요한 것은 훌륭한 예를 선택하는 일, 그리고 무엇이 좋은가를 판별하는 일이라고 생각한다.

모든 사람에게 배워라

우리는 흔히 평소에 자주 이야기를 나누고 있는 상대의 분위기나 태도, 장점, 단점뿐만 아니라 사고방식까지 무의식중에 받아들이게 된다. 사람은 주변의 환경에 따라 변해가는 법이다.

내가 항상 말하는 것처럼 너도 훌륭한 사람들과 교제하게 되면 너 자신도 모르는 사이에 저절로 그들의 수준에 근접하게 될 것이다. 거기에 좀 더 집중력과 관찰력이 더해진다면 금상첨화이며 곧 그들과 대등하게 될 것이다.

만약 주위에 호감을 가질 만한 사람이 없다면 어떻게 해야 할까? 일단 주변 사람들을 차분히 관찰해라. 아무리 훌륭한 사람도 모든 장점을 갖추고 있는 것은 아니며 그다지 현명해 보이지 못하는 사람도 반드시 한 가지 정도는 좋은 점을 갖고 있는 법이다. 그것을 찾아내 배우고 몸에 익히는 것이 중요하다. 그리고 좋지 않은 부분은 자신을 되돌아보는 거울로 삼는 것이 좋다.

호감이 가는 사람과 그렇지 못한 사람의 차이는 어디에 있는 것일까?

그것은 바로 태도에 있다. 행동과 말의 내용이 똑같을지라도 태도에 따라 호감을 주는 정도에 차이가 나는 것이다. 많은 사람에게 환영받고 있는 인물이든 품위를 전혀 느낄 수 없는 인물이든 말하고 움직이며 먹고 마시는 것은 비슷하다. 다른 것은 그 방법과 태도뿐이다.

그러므로 어떻게 말하고, 어떻게 걷고, 어떻게 먹는 게 좋은 인상

을 주고 또 나쁜 인상을 주는지 잘 살펴보면 자연히 현명한 선택을
할 수 있다.

다른 사람의 마음을
사로잡는 방법

실제로 사람의 마음을 사로잡기 위해서는 어떻게 하면 좋을까? 이 것에 대한 대답일 수 있는 항목을 제시해 보겠다. 너에게 도움이 되었으면 하는 마음이다.

예의 바른 태도로 품위 있게 행동하라

사실 우아하게 서고 걷는 사람은 많지만 우아하게 앉는 사람은 드물다. 사람 앞에 나서면 위축되어 버리는 사람이 있는가 하면 부자연스럽게 등을 세우고 딱딱한 자세로 앉는 사람도 있는 것이다. 또한 조심성 없는 사람은 의자에 온 체중을 맡기듯 기대앉는다. 이러한 자세는 상당히 친한 사이가 아니면 나쁜 인상을 심어주게 된다.

품위 있게 앉으려면 먼저 마음을 편하게 가지고 또한 겉으로도 그렇게 보이도록 하면서 온 체중을 의자에 맡기지 말고 앉아야 한다. 그렇다고 몸을 경직시키고 부동의 자세를 취하라는 것이 아니라 힘을 빼고 자연스럽게 하는 것이다.

가능한 한 이러한 자세에 가깝도록 앉는 자세를 연습하는 것이 좋다. 아주 사소한 동작의 자연스러움과 예의 바름이 여성뿐만 아니라 남성의 마음도 사로잡는 법이다. 그것은 직장에서도 마찬가지이다. 우아한 행동거지가 얼마나 사람의 마음을 사로잡는지 명심해 두어라.

겉모습에도 신경을 써라

나는 복장을 보며 그 사람의 됨됨이를 짐작하는데, 이것은 다른 사람 역시 마찬가지일 것이다.

나의 경우, 복장에서 조금이라도 잰 척하는 분위기가 느껴지면 그 사람의 사고방식도 약간 비뚤어져 있는 것은 아닌가 하는 생각이 든다. 그리고 화려한 복장을 하고 있는 사람을 보면, 내실이 없음을 감추기 위해 일부러 위압적인 차림을 하고 있는 것 같아 눈에 거슬린다. 또한 도무지 옷차림에 신경을 쓰지 않아 궁궐 사람인지 마부인지 구별할 수 없는 사람도 사고방식이 의심스럽다. 사리분별이 분명한 사람은 복장에 개성이 나타나지 않도록 마음을 쓰고 자기만 특별하게 눈에 띄는 옷차림을 하지 않는다. 그 고장의 지식인이나 그 사회 사람들과 비슷한 정도의 옷차림과 치장을 하는 것이다. 옷차림이 지나치게 화려하면 들떠 보이고 너무 초라하면 실례가 되는 법이다.

내 생각에 젊은이는 초라하기보다는 약간 화려하다고 할 정도가 좋다. 화려한 옷차림은 나이가 들면서 조금씩 수수해지지만 지나친 무관심은 남들의 관심 밖으로 밀려난다.

헤어 스타일에도 신경을 쓰도록 해라. 헤어 스타일은 복장의 일부이다. 또한 양말을 흘러내리게 신고 있거나 구두끈을 제대로 매지 않아 늘어지는 일이 없도록 해라. 지저분한 손만큼 점잖지 못한 인상을 주는 것도 없다. 다른 사람에게 좋은 인상을 주려면 청결이 특히 중요하다. 손이나 손톱을 항상 깨끗하게 하고 있느냐? 식사 후에는 이를 반드시 닦고 있느냐? 특히 이는 중요하다. 치아 관리를 잘못하면 고약한 냄새가 나기 때문에 주위 사람들에게도 실례가 된다.

표정을 갈고 닦으면 마음도 자연스럽게 따라간다

사람의 마음을 사로잡는 요인은 많이 있지만 그중에서도 효과가 가장 큰 것은 표정이다.

우선 눈가에는 항상 부드러운 표정이 떠오르도록 해라. 전체적으로 미소를 짓고 있는 듯한 표정이 좋다. 그런 면에서 성직자의 표정을 배우는 것이 좋다. 그들은 선의에 넘치고 자애로 가득 차 있으며 엄숙한

중에도 열정이 담긴 표정으로 사람의 마음을 끌어당긴다.

물론 표정만 좋다고 사람들의 마음을 끌 수 있는 것은 아니다. 마음도 함께 해야 한다. 사람들의 마음을 끄는 사람들은 보통 표정에 마음을 담아 표현하고 있기 때문에 호감을 사는 것이다.

내가 아는 한 젊은이는 의원으로 처음 선출되었을 때 자기 방에서 거울을 보고 표정과 동작 연습을 했다. 그런 모습을 본 사람들은 그를 웃음거리 삼아 이야기했지만 나는 그가 사리를 잘 알고 있는 인물이라고 생각되었다. 그는 공공장소에서의 표정과 동작이 얼마나 중요한가를 알고 있었던 것이다.

우아한 걸음걸이, 단정한 옷차림, 호감 있는 말투, 온화한 미소 등등 너를 돋보이게 하고 타인의 사랑을 받을 수 있는 것은 너의 노력에 의해 만들어지는 것이다.

일주일에 30분만 표정 관리에 투자해라. 표정이 나쁘면 아무리 좋은 옷차림을 해도, 헤어 스타일이 멋져도, 품위가 있어도 아무 소용이 없다. 무엇보다 너의 표정은 365일, 사람들의 눈에 노출되어 있다는 것을 명심해라.

무엇보다 호감을 사는 행동을 몸에 익혀라. 내가 다음에 늘어놓은 것들을 몸에 익힐 수 없다면, 아무리 풍부한 지식을 몸에 지니고 있어도, 또 아무리 약삭빠르게 처신을 해도 생각대로 일이 이루어지지 않을 것이다. 지금이야말로 바로 이 장식을 몸에 익힐 때다. 지금 이것을 익히지 못하면 평생 익히지 못할 것이다.

그러므로 다른 일들은 모두 뒤로 미루고, 지금은 이 일에만 마음을 집중해야 할 것이다. 튼튼한 틀과 매력적인 장식이 합쳐진다면 이보다 훌륭한 것은 없을 것이다.

내가 이런 편지를 써서, 너에게 외면을 장식하라는 것을 열심히 가르치고 있다는 것을 안다면, 융통성이 없는 획일적인 인간이나 세상을 등진 현학적 인간은 어떻게 생각할까? 아마도 매우 경멸하는 표정을 지으면서 '아버지가 자식에게 주는 교훈이라면 그보다 훨씬 좋은 것이 얼마든지 있을 텐데……' 라고 말할 것임에 틀림없다.

그들의 사전에는 '호감을 갖는다' 라든가, '다른 사람들이 좋아하는' 등의 말은 없는 것이다. 하지만 현실적으로 이런 말이 존재한다는 것은 그만큼 사람들이 '호감을 산다'는 것을 화제로 삼고, 그것에 관심을 가지며, 그것을 바라고 있기 때문이다. 결코 무시하여 웃어넘길 일이 아니다.

결점에 대한 충고는 감사의 조건이다

세상에 무례한 젊은이가 많은 것은, 그 부모들이 예의범절을 가볍게 보고 있거나, 아니면 그런 일에 전혀 관심이 없거나, 둘 중 한 가지에서 그 원인을 찾을 수 있다.

그들은 다른 사람처럼 기초 교육과 대학 교육, 그리고 유학에 이르기까지 교육을 다 시키기는 한다. 그렇지만 자식들에게 무관심하거나 부주의하여 각 교육 과정에서 자기 자식이 어떻게 성장하고 있는가를 관찰하지 않고, 또는 관찰했다 하더라도 그것을 판단하는 일이 없다. 그리고 자신을 안심시키기 위해서 이렇게 혼자 중얼거리는 것이다.

"다른 아이들과 마찬가지로 잘하고 있을 거야……."

그런데 다른 아이들과 마찬가지로 학교에 다니고 있는 것은 사실이지만, 잘해 나가고 있는 것은 아니다. 그들은 학교 시절에 몸에 익힌 어린아이 같은 저속한 장난을 어른이 되어서도 그만두지 못한다. 대학에서 몸에 익힌 편협한 태도를 버리지 못하고 유학중에 몸에 익힌 거만한 태도를 고치지 못하는 것이다.

그런 점은 부모가 주의를 주지 않으면 달리 주의를 줄 수 있는 사람이 없다. 부모에게서 주의를 받지 못한 젊은이들은 눈을 가리고 싶을 정도의 못난 태도를 몸에 익히고 있는 줄도 모르고, 꼴사납고 무례한 행동을 계속하고 있는 것이다.

앞에서도 말했지만, 자식의 예의범절이나 사람을 대하는 태도에 대해서 이렇다 저렇다 말해 줄 수 있는 사람은 오직 아버지뿐이다. 그것은 자식이 어른이 되어서도 마찬가지다. 아무리 친한 친구 사이라도 아버지와 같은 경험은 없거니와, 주의 같은 것은 줄 수 없다.

나는 네 결점이 보이면 그것을 고치도록 가르칠 것이다. 반대로 장점이 있으면 재빨리 발견하여 박수를 보낼 것이다. 그것이 아버지로서 나의 의무라고 생각한다.

학문보다 중요한 교육

인간은 본래 완벽한 존재가 아니다. 가능한 완벽한 모습에 접근시키기 위해 노력하는 것이 너에게 아버지로서 해야 할 의무라고 생각해 왔으며 나는 한결같은 노력을 들였고 거기에 드는 수고와 비용을 아끼지 않았다.

네가 어린 시절에 내가 특별히 신경을 썼던 것은 아직 판단력이 없는 시기에 선을 사랑하는 마음과 공경심을 심어주는 것이었다. 물론 그 당시에 너는 그것을 기계적으로 익혔을 테지만 지금은 네 스스로의 판단으로 그것을 하고 있을 것이다. 물론 선을 행하는 일이나 사람을 공경하는 일은 배우지 않아도 당연히 하게 되는 일이지만 말이다.

샤프츠베리 경은 여기에 대해 적절하게 표현하고 있다.

"나는 다른 사람의 시선 때문에 선을 행하는 것이 아니라 나 자신을 위해 선을 행한다. 그것은 남이 보기 때문에 청결하게 하는 것이 아니라 나를 위하여 청결하게 하는 것과 마찬가지이다."

나도 이 말에 동의하기 때문에 너에게 판단력이 생긴 다음에는 선을 사랑하라는 말을 단 한 번도 한 적이 없다. 왜냐하면 그것은 당연한 일이기 때문이다.

그 다음으로 내가 염두에 두었던 것은 너에게 실질적이며 편견이 없는 교육을 베푸는 것이었다. 물론 너는 나의 기대에 적절히 부응해 주었다.

그리고 지금은 사람을 사귀는 법, 즉 예의범절을 가르치고 싶다. 이 것을 모르면 지금까지 배워 온 모든 것이 불완전하게 되고 광채를 잃으며 어떤 면에서든 무용지물이 되어 버릴 것이다.

자신을 억제하고 상대방에게 맞추어라

무엇보다 너에게는 스스로를 억제하고 상대방에게 맞추려는 노력이 부족한 것 같다. 내가 잘 아는 어떤 사람은 예의에 대해 '서로 자신을 조금씩 억제하고 상대편에게 맞추려고 하는 분별과 양식이 있는 행동'이라고 정의했다.

이 말에 이의를 제기하는 사람은 없을 것이다. 그러나 분별과 양식 있는 사람일지라도 누구나 예의 바른 사람이 될 수 있는 것은 아니다.

특히 예의범절은 지역이나 환경에 따라 차이가 있으므로 실제로 자신의 눈으로 보고 귀로 듣지 않으면 모르는 일이기도 하다. 하지만 예의를 존중하는 마음, 그 자체는 어느 시대 혹은 어느 곳에서나 변함이 없을 것이다.

예의가 특정 사회에 끼치는 영향은 도덕이 사회전반에 끼치는 영향과 비슷하다. 그것은 사회를 하나로 묶고 안전성을 높이는 것이다. 뿐만 아니라 일반사회에서 도덕적 행위를 권장하기 위해 법률을 제정하는 것처럼 특정한 사회에도 예의 바른 행위를 권장하고 무례를 훈계하기 위한 암묵의 규율이 있다.

적어도 나는 법률과 암묵의 규율을 같은 것으로 생각한다.

타인의 소유지에 침입한 부도덕한 사람은 법에 의해 벌을 받는 것과 마찬가지로 타인의 평화스러운 사생활에 마구 침입한 무례한 인간도 사회 전체의 암묵적인 합의에 의해 추방당하게 되는 것이다. 또한 문명사회에서 상냥하게 행동하고 상대방에게 주의를 기울이며 다소의 희생을 무릅쓰는 것은 누군가로부터 강요받은 것이 아니라 자연적으로 몸에 배는 일종의 암묵적 협정 같은 것이다.

예의를 잘 지킨다는 것은 선행 다음으로 사람들의 마음을 사로잡는 행위로써 그만큼 중요한 것이다.

"나는 다른 사람의 시선 때문에 선을 행하는 것이 아니라
나 자신을 위해 선을 행한다.
그것은 남이 보기 때문에 청결하게 하는 것이 아니라
나를 위하여 청결하게 하는 것과 마찬가지이다."

상황에 따른 예절 지키기

좀 더 구체적으로 상황에 따른 예의를 생각해 보자.

첫째, 윗사람에게는 예의 바르게 행동해야 한다.

자신의 윗사람이나 공적인 지위가 높은 사람에게 예의를 소홀히 하는 사람은 없다. 요는 그것을 어떻게 나타내느냐이다. 분별 있고 인생 경험이 풍부한 사람은 어깨에 힘을 주지 않고 자연스럽게 최대한의 예의를 표현한다. 하지만 뛰어난 사람들과 교제해 본 적이 없는 사람들은 어색한 몸짓으로 최대한 용기를 내고자 하는 것이 역력해 보인다.

그렇다고 해서 존경하는 사람을 앞에 두고 보기 싫게 의자에 걸터 앉거나 휘파람을 불거나 머리를 박박 긁거나 하는 무례한 행위를 하는 사람은 없다.

윗사람 앞에서 주의해야 할 일은 단 한 가지, 겁먹지 말고 힘을 빼고서 바른 자세와 행동으로 예의를 다해야 한다는 것이다. 이것은 좋은 본보기를 관찰하여 실제로 흉내 냄으로써 몸에 익혀 두는 길밖에 달리 방법이 없을 것이다.

둘째, 여러 부류의 사람들이 모이는 모임에서는 기준을 지켜야 한다. 여러 부류의 사람들이 모이는 모임에서는 존경스런 마음이나 경의를 표해야 할 인물이 처음부터 없는 셈이므로 행동도 자유롭게 되기 쉽고 긴장해야 할 일도 자연히 적어진다. 따라서 어떠한 교제에서도 반드시 지켜야 하는 기준을 지킨다면 무난하다고 할 수 있다. 하지만 결코 잊어서는 안 되는 점은 특별히 주의를 기울이지 않으면 안 되는 사람은 없는 대신, 누구나 보통의 예의나 배려를 기대하고 있다는 점이다. 따라서 주의가 산만하거나 무관심한 행동은 허용되지 않는다. 가령 누군가 다가와 지루한 이야기를 시작했을지라도 일단은 정중하게 응대해 주지 않으면 안 된다. 무심코 이야기를 건성으로 들어 상대를 무시하고 있다는 것이 드러나면 아무리 대등하다 하더라도 그것은 이미 실례 정도가 아니라 엄청난 무례가 된다.

특히 상대방이 여성인 경우에는 더 주의해야 한다. 어떠한 지위에 있는 여성이라도 단순히 주목하는 것만으로는 충분치 못하며 아첨에 가까운 마음의 배려가 필요하다.

여러 부류의 사람들이 모이는 모임에서 예의를 차리려면 어떻게 해야 하는가를 하나하나 열거하는 것은 끝이 없을 뿐만 아니라, 너에게도 실례라고 생각되기 때문에 이쯤에서 그만해 두겠다.

그 뒤는 너의 양식으로 판단하고 무엇이 이로운가를 생각하면서 실천에 옮겨주기 바란다.

셋째, 신분 및 지위가 낮은 사람을 적으로 만들지 말아라.

불우하게 태어난 사람들을 멸시하거나 쓸데없는 말을 해서 그들의 불운을 되새기게 하는 일을 해서는 안 된다.

나는 나와 비슷한 사람을 대할 때보다 신분이나 지위가 낮은 사람을 대하는 태도에 더욱더 신경을 쓰고 있단다. 그것은 그 사람의 노력이나 실력 등과 상관없이 단순히 운명으로 인한 신분이나 지위의 차이를 새삼스럽게 의식케 함으로써 내가 쓸데없는 자존심을 만족시키고 있는 것처럼 오해받고 싶지 않기 때문이다.

그런데 젊은이들은 생각이 거기까지 닿지 못하는 듯하다. 명령적인 태도나 권위를 등에 업은 단정적인 말투를 용기 있는 사람이나 기개 있는 사람의 표상이라고 오해하는 경우가 많다.

이것은 조심성이 부족한 탓도 있지만 일반적으로 신경을 쓰려고 하지 않기 때문이다.

"인심을 얻은 왕이야말로 가장 안정되게 권력을 계속 유지할 수 있다."

이 말은 우리에게도 해당된다.

아무리 가까운 사이일지라도 그 관계를 계속 유지하고 싶다면 어느 정도의 예의는 필요한 법이다. 적어도 상대방이 싫어하는 것, 눈살을 찌푸리게 하는 것은 침범하지 않아야 한다.

인간은 누구나 좋지 못한 점을 가지고 있다. 그것을 그대로 노출하는 것은 예의에 어긋나는 일일 뿐만 아니라 무분별한 것이다. 상대방과 언제까지나 사이좋게 지낼 수 있는 가장 알맞은 예의 방법을 익히도록 해라. 그렇게 하는 것이 절대적으로 필요하다.

아무리 다이아몬드일지라도 원석의 상태에서는 아무런 쓸모가 없다. 비록 가치는 있을지 모르지만 그것이 갈고 닦여야 비로소 사람들의 장식품으로써 이용된다.

이때, 아무리 갈고 닦아도 최후의 마무리 작업이 이루어지지 않으면 언제까지나 원석으로 남게 되어 기껏해야 호기심 강한 수집가의 진열장에 전시되는 것이 고작일 것이다.

너는 원석에 가까운 다이아몬드이다. 그러므로 앞으로 더욱 더 열심히 네 자신을 갈고 닦길 바란다. 그러면 머지않아 멋지게 다듬어져 아름다운 빛을 발하는 귀중한 다이아몬드가 될 것을 아버지는 믿고 있다.

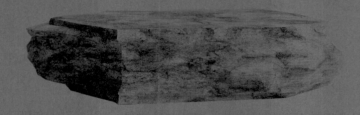

LETTERS TO
HIS SON

Part.9

인생 최대의 교훈을 익혀라

언행은 부드럽게,
의지는 강하게

내가 '언행은 부드럽게 하고, 의지는 강하게 하라'고 한
말을 항상 기억하고 따르고 있느냐?

그 말만큼 우리 인생 전반에 걸쳐 두루 쓰일 수 있는 말은 없다고
해도 과언이 아니다.

사람을 대하는 언행은 부드럽지만 의지가 굳세지 못하면 어떻게
될까? 붙임성은 좋지만 비굴할 뿐만 아니라 마음이 약하며 소극적인
인간으로 전락해 버린다.

반대로 의지는 굳센데 언행이 부드럽지 못한 사람은 어떻게 될까? 용
맹스럽지만 사나울 뿐만 아니라 앞뒤 생각 없이 돌진하는 인간이 된다.

그렇기 때문에 두 가지를 모두 갖추는 것이 바람직하지만 사실 그런
사람을 찾기란 쉽지 않다. 특히 의지가 굳센 사람들 중에는 혈기왕성한
사람들이 많은데, 언행이 부드러운 것을 연약함이라고 단정하여 무엇
이든 힘으로만 밀어붙이려는 경향이 강하다. 이런 경우, 상대방이 내성

적이고 소심하다면 자기 마음대로 일이 진행되지만, 그렇지 않으면 상대방의 화를 불러일으키거나 반감을 사서 목적을 달성할 수 없다.

그리고 사람을 대하는 언행이 부드러운 사람 가운데는 교활한 사람이 많으며 그런 사람은 부드러운 언동만으로 모든 것을 손에 넣으려고 한다. 마치 자신의 의지 따위는 없는 것처럼 위장하면서 얼마든지 상대방에게 맞춰주는 것이다. 이런 사람은 어리석은 자는 속일 수 있어도 지혜로운 사람은 속일 수 없어 곧바로 가면이 벗겨지고 만다.

강한 의지일수록 부드럽게 감싸야 한다

그렇다면 이 두 가지를 겸비하고 있다면 어떠한 이점이 있을까?

만약 다른 사람에게 명령을 내리는 입장에 있을 경우, 공손한 태도로 명령을 내리면 그 명령은 기쁘게 받아들여지고 기분 좋게 실천에 옮겨질 것이다. 반면 강압적으로 명령하면 그 명령은 적당히 수행되거나 중도에서 내팽개쳐져 버린다.

물론 때로는 명령을 내릴 때 냉정하고도 굳건한 의지를 나타낼 필요도 있다. 하지만 그것을 부드러움으로 감싸고 쓸데없는 열등감을 갖지 않도록 가능한 한 기분 좋게 명령에 따르도록 배려하는 것이 필요하다.

그것은 윗사람에게 어떤 것을 부탁할 때나 당연한 권리를 요구할 때에도 마찬가지이다. 겸손한 태도를 보이지 않으면 처음부터 부탁을 거절하고 싶어 하는 사람에게 적당한 구실을 주어 버린다. 그렇다고 부드러움만으로 모든 일이 마음먹은 대로 해결된다는 것은 아니다. 결코 뒤로 물러서지 않는 끈기와 품위를 잃지 않는 집요함으로 의지가 얼마나 강한가를 보여 주는 일도 중요하다. 쉽게 말해 언행을 부드럽게 해서 마음을 사로잡아 최소한 거절할 구실을 주지 않고 동시에 의지가 강하다는 것을 보여 주어야 하는 것이다.

몰론 여기에서 말하는 의지란 결코 우격다짐이 아니다. 예를 들면 끈질긴 호소로 굴복시키거나 품위를 떨어뜨리지 않으면서 차가운 태도를 취하여 상대방으로 하여금 두려움을 갖도록 하는 것이 좋다.

부드러운 언행과 군건한 의지를 겸비하는 일이야말로 경멸당하지 않고 사랑받으며 미움을 받지 않고 존경심을 갖게 하는 유일한 방법이자 세상의 지혜 있는 사람들이 한결같이 몸에 익히고 싶어 하는 위엄을 갖추는 방법이기도 한 것이다.

부드러운 언행과 흔들림 없는 의지를 지녀라

그러면 다음에는 실천에 대한 이야기를 해보자.

감정이 흥분상태에 놓여 사리분별이 어렵거나 무례한 말이 자신도 모르게 입 밖으로 튀어나올 지경일지라도 스스로를 억제하고 언행을 부드럽게 해야 한다. 이것은 상대방이 윗사람이든 혹은 아랫사람이든 마찬가지이다.

감정이 폭발하려고 하면 진정될 때까지 입을 다물고 표정의 변화를 타인이 깨닫지 못하도록 신경을 집중시켜라. 특히 한 발자국도 양보할 수 없는 상황에서 아양을 떨거나 상냥하게 굴거나 비위를 맞추는 등 나약하게 아첨하는 행동을 해서는 안 된다. 그럴 경우에는 공격 일변도로 집요하게 공격을 반복하는 것이 좋다. 그렇게 하면 목표물을 어김없이 손에 넣을 수 있다.

온유하고 내성적이며 언제나 길을 양보하는 사람은 사악한 인간이나 다른 사람의 고통을 이해하지 못하는 인간에게 짓밟히고 바보 취급을 받을 뿐이다. 단 거기에 하나의 강력한 뼈대가 보태지면 존경을 받게 되고 대부분의 일이 마음먹은 대로 풀려 나간다. 동료나 아는 사람에 대해서도 마찬가지이다. 조금도 흔들림 없는 의지와 힘은 그들의 마음을 사로잡게 되는 것이다. 또한 부드러운 언행은 상대방을 적으로 만드는 것을 방지해 줄 것이다. 여기서 유념해야 할 것은 자신의 적에게는 부드러운 태도로써 마음을 열도록 만들어야 한다는 점이다. 더불어 상대방에게 이쪽의 강한 의지를 보여 주어 자신에게 성낼 만한 정당한 이유가 있음을 보여 주는 것도 중요하다.

일에 대한 교섭을 할 때에도 의지의 군건함을 보여 주는 것을 잊어서는 안 된다. 부득이 타협을 해야만 하는 순간이 올 때까지 단 한 발자국도 물러서서는 안 되며 절충안도 받아들이면 안 된다. 그렇게 하면서도 온순한 태도로 상대의 마음을 파악하는 것을 잊어서는 안 된다.

너에게 '언행은 부드럽게'를 강조하는 까닭은 단순히 온순한 것만이 부드러운 것이 아니라는 사실을 인식시키기 위해서다. 너도 이제 이해했을 것이다.

상대방의 인격을 손상시키지 말아야 한다

아무리 부드러운 태도를 취할지라도 자신의 의견은 똑똑히 말해야 하며 무엇보다 상대방의 의견이 틀렸을 경우에는 분명하게 그 사실을 지적해야 한다. 이때, 중요한 것은 그 표현방법이다. 그것을 말할 때의 태도나 분위기, 언어의 강약, 목소리 등을 부드럽게 하라는 것이다.

예를 들어 "그렇게 확신을 갖고 있는 것은 아니지만 제 생각에는……" 이라거나, "확실히 모릅니다만, 어쩌면 이런 뜻이 아닐까요?" 라는 식의 말투는 비록 나약하지만 설득력이 없지는 않다. 오히려 상대방의 마음을 사로잡는 말이라고 할 수 있다.

토론은 기분 좋게 끝내야 한다. 그러므로 스스로도 상처를 입지 않고 상대방의 인격을 손상시킬 생각도 없다는 것을 분명히 태도로써 보여 주어야 한다. 의견 대립은 비록 일시적일지라도 서로를 멀어지게 만들 뿐이다.

얼굴 표정, 말하는 방법, 용어의 선택, 발성, 품위 등이 부드러우면 언행은 자연스럽게 부드러워지고 거기에 굳건한 의지가 뒷받침되면 저절로 위엄이 우러나와 사람들의 마음을 확실하게 사로잡게 될 것이다.

험한 세상에서 살아남는
지혜를 깨우쳐라

이 세상에는 '세상을 살아가는 지혜'가 있는데 다른 사람들, 상대방보다 먼저 그것을 간파하고 실천하는 사람이 출세하기 마련이다. 세상을 살아가는 지혜의 근본은 감정을 겉으로 드러내지 않고 말이나 행동이나 표정에서 마음이 동요하고 있다는 것을 알아차리지 못하도록 하는 데 있다. 일단 상대방이 그것을 알아차리면 오히려 끌려다닐 수도 있다.

싫은 말을 들으면 노골적으로 화를 내거나 표정을 바꾸는 사람, 혹은 좋은 말을 들으면 뛸 듯이 기뻐하거나 표정이 풀어져 버리는 사람들은 교활하고 능청스러운 사람의 희생물이 되기 쉽다.

교활한 사람은 고의적으로 이쪽이 화를 낼 만한 말을 하거나 기뻐할 만한 말을 해서 반응을 살피고 마음이 고요할 때에는 절대로 누설하지 않을 비밀을 캐내려 한다. 능청스러운 사람도 마찬가지이다. 평범한 사람은 이성보다 성격을 우선시한다. 하지만 노력만 한다면 이성으로 성격을 억제하는 습관은 얼마든지 길러질 수 있다. 만약 갑자기 감정이 폭발할 것 같아 억제할 수 없게 되면 감정이 진정될 때까지 입을 다물고 있는 편이 낮다.

만약 너를 비꼬는 듯한 말을 들었을 때의 가장 좋은 방법은 못 들은 척하는 것이다. 너무 가까이에서 들었기 때문에 그렇게 할 수 없을 때에는 그들과 함께 웃고 상대가 말한 내용을 인정하여 재치 있는 비방 방법이라고 칭찬해 줌으로써 부드럽게 그 자리를 넘겨야 한다. 절대로 똑같은 식으로 반박해서는 안 된다. 그런 짓을 한다면 자기 자신이 상처받았다는 것을 공표하는 것과 마찬가지다.

속마음을 읽히면 어떤 일도 성취할 수 없다

협상테이블에서 혈기왕성한 인물과 상대할 때만큼 좋은 기회도 드물다. 상대방은 혈기가 왕성하기 때문에 사소한 일에도 마음이 흐트러져 엉뚱한 말을 입 밖에 내거나 표정이 변하는 것이다. 그런 사람은 이것저것 넘겨짚으며 표정을 관찰하면 반드시 그 속셈을 알아낼 수 있다. 특히 비즈니스에서는 상대방의 속마음을 읽어 내느냐 그렇지 못하느냐가 성공의 열쇠가 된다.

자신의 감정이나 표정을 숨길 수 없는 사람은 그렇게 할 수 있는 사람에게 항상 당하기 마련이다. 다른 모든 조건이 대등할 때조차 그러하므로 만약 상대가 수완가인 경우에는 더더욱 승산이 없다.

옛날부터 전해 오는 말 중에 "속마음을 남에게 읽히면 남을 거느릴 수 없다"는 것이 있다. 나는 더욱더 극단적으로 이렇게 말하고 싶다.

"속마음을 남에게 읽히면 아무 일도 성취할 수 없다."

쉽게 말해 시치미를 떼도록 해라. 하지만 똑같이 시치미를 떼더라도 속마음을 남에게 읽히지 않도록 시치미를 떼는 일과 상대편을 속이기 위하여 시치미를 떼는 일은 크게 다르다. 후자의 경우는 잘못된 것이다. 사람을 속이기 위해 감정을 숨기는 것은 도덕에 어긋날 뿐만 아니라 야비한 행위라고 하지 않을 수 없다.

베이컨은 이렇게 말했다.

"상대편을 속이는 것은 옳게 배운 사람이 할 일이 아니다. 속마음을 남에게 읽히지 않기 위하여 감정을 감추는 것은 트럼프의 카드를 보여 주지 않는 것과 같지만 상대편을 속이기 위하여 그렇게 하는 것은 상대편의 카드를 훔쳐보는 것과 다름없다."

정치가인 볼링브로크도 자신의 저서에서 다음과 같이 말하고 있다.

"사람을 속이기 위하여 감정을 감추는 것은 마치 단검을 휘두르는 것과 같아 바람직하지 않은 행위일 뿐만 아니라 불법행위이기도 하다. 단검을 사용하면 그것에는 어떤 떳떳한 이유도 변명도 통용되지 않는다."

속마음을 남에게 읽히지 않도록 감정을 감추는 것은 방패를 드는 것과 같고 기밀을 보전하는 것은 갑옷을 입는 것과 같다. 어떤 일을 할 때, 어느 정도 감정을 감추지 않으면 기밀을 보전할 수 없고 기밀을 보전할 수 없으면 일이 잘 되지 않는다.

그런 의미에서 볼 때, 이것은 귀금속에 합금을 섞어 돈을 주조하는 기술과 흡사하다. 합금을 조금 섞는 것은 필요하지만 너무 지나치게 섞으면 돈은 통화가치를 잃고 주조자의 신용도 떨어져 버리는 법이다.

마음속에 아무리 세찬 감정의 폭풍이 몰아쳐도 그것을 얼굴이나 말에 드러내지 말고 완전히 자신의 감정을 감출 수 있도록 노력하기 바란다. 물론 힘든 일이지만 할 수 없는 일은 아니다. 지성을 갖춘 사람은 불가능에는 도전하지 않지만, 아무리 곤란한 일이라도 추구할 가치가 있는 일이라면 두 배의 노력을 기울여 반드시 해내는 법이다.

친분관계도 능력이다

　　네가 앞으로 사회생활을 하면서 싫어하는 사람을 아무런 내색 없이 사려 깊은 태도로 대하기 위해서는 어떻게 하면 좋을지 알아두는 것도 참으로 중요한 일이다. 사회적으로 인정을 받고 있는 사람들과 친분관계를 맺어두면 언젠가는 반드시 도움이 되게 마련이다.

　특히 상대방이 이쪽에 대해 좋은 감정을 갖고 있을 경우에는 적극적으로 나서서 친밀하게 지낼 방법을 모색하는 것이 바람직하다. 이것은 쉽게 말해 교제의 가치를 높이는 행위이다.

친분관계를 지혜롭게 활용하라

　우리가 사는 이 사회에서는 연고관계가 반드시 필요하다. 이미 알고 있듯이 그러한 친분관계를 쌓고 그것을 잘 유지해 나갈 수 있다면 그렇지 못한 사람보다 성공할 확률이 훨씬 더 높아진다. 친분관계에는 두 가지가 있는데 그것을 항상 염두에 두고 행동하기 바란다.

첫째는, 대등한 연고관계이다. 이것은 소질이나 역량이 거의 비슷한 두 사람이 쌓아가는 호의적인 관계로 비교적 자유로운 교류와 정보교환이 이루어진다. 하지만 이러한 관계는 서로의 능력을 인정하고 상대방이 자신을 위해 스스로 힘써 준다는 확신이 없으면 성립되지 않는다.

이러한 관계의 밑바탕에는 상대방에 대한 존경심이 흐르고 있는 것이다. 따라서 가끔 서로의 이해관계가 대립되는 일이 있더라도 결코 파괴되지 않을 상호 의존관계가 성립되어 서로 조금씩 양보를 하면 최종적으로는 합의가 성립되어 통일된 행동을 취하게 된다.

부디 친구들과 이러한 관계를 맺도록 해라. 여기서 말하는 친구란 나이와 상관없이 서로의 마음이 통하는 사이를 말한다. 이러한 친구를 만들어 두면 사회에 진출했을 때, 서로에게 커다란 도움이 될 것이다. 다시 말해 하나에 하나가 더해져 둘이 되는 것이 아니라 그 이상의 상승효과를 내게 되는 것이다.

둘째는, 대등하지 않은 연고관계이다. 예를 들어 한쪽에는 지위나 재산이 있고 다른 한쪽에는 소질과 능력이 있는 경우가 있는데, 이 관계에게는 어느 한쪽만 이익을 얻을 가능성이 많다. 그래서 이익을 거둔 쪽은 그것을 숨기려고 최대한 교묘하게 위장한다.

이때, 이익을 받는 쪽은 상대편의 비위를 맞추거나 마음에 들도록 행동해야 하므로 상대방이 아무리 우월감을 내세워도 꾹 참고 있다.
그런데 이익을 내주는 쪽은 상대방이 참고 인내하며 핵심을 조종하는
줄도 모르고 머리가 잘 회전되지 못하는 관계로 자기가 상대방을 잘
조종하고 있다고 착각한다.

이러한 사람을 교묘하게 조종할 수만 있다면 커다란 이익을 가져
다주는 경우가 많다.

이렇게 대인관계를 잘 구축하는 것도 능력의 하나이자 커다란 재
산이므로 상대방을 잘 선별하여 인맥을 쌓아나가야 한다.

"대인관계를 잘 구축하는 것도 능력의 하나이자 커다란 재산이므로
상대방을 잘 선별하여 인맥을 쌓아나가야 한다."

라이벌과의 경쟁에서
승리하는 법

이 세상에서 무엇보다 훌륭한 공부는 실천이다. 더불어 세심한 배려와 집중력이 필요하다. 자기가 좋아하지 않는 사람을 애정어린 태도로 대하기 위해서는 어떻게 해야 하는가를 알아두는 것도 매우 중요하다. 하지만 그것을 알고는 있어도 실천에 옮기지 못하는 사람들이 많이 있다. 특히 젊은이들은 대수롭지 않은 일로 흥분하여 앞뒤를 가리지 못하는 경우가 많다. 직장생활이나 연애 문제는 물론이고 자기 생각을 비판하는 말을 들으면 당장에 상대방을 싫어하는 것이다.

젊은이들에게는 경쟁자도 적과 다름없다. 경쟁자가 눈앞에 나타나면 무례한 태도를 취하며 어떻게 해서든 상대방을 무너뜨릴 방법이 없을까 하고 이런저런 궁리를 한다.

이것은 어처구니없는 생각이다. 경쟁자에게 냉담하게 대한다고 해서 자기가 이기는 것은 아니다. 그렇게 되기는커녕 경쟁자끼리 서로 싸우는 틈에 제 3자가 들어와 이익을 챙기는 일이 일어날 수도 있다.

언제 적에서 동지로, 동지에서 적으로 바뀔지 모른다

100% 완벽한 사람은 존재하지 않는다. 그렇기 때문에 많은 사람들이 서로의 부족한 면을 협동과 조화로써 힘을 합치며 살아가는 것이다. 늘 경쟁을 중심으로 살아가려는 사람은 누군가를 패배시키지 않는 한 만족을 느끼지 못하기 때문에 삶의 진정한 목표와 의미를 찾을 수가 없다.

만약 네가 누군가를 이겨야만 행복감을 느낀다면 너는 상대방으로부터 심리적으로 조종을 당할 수밖에 없다. 그 사람이 지거나 이기는 것에 따라 너의 행복과 불행이 결정되는 것이다. 따라서 진정한 경쟁이란 다른 사람 위에 올라서려는 노력이 아니라 새로운 것을 창조하려는 노력이 있어야 한다. 인생은 경쟁의 장이 아니라 창조와 협력의 장이다.

자신의 감정을 숨기고 겉으로는 냉정해질 수 있는 사람은 경쟁자에게 이길 수 있다. 프랑스 사람들은 '은근한 태도'라는 말을 즐겨 쓰는데, 이 말은 연적에게 싫어하고 미워하는 감정을 노골적으로 나타내는 속이 좁은 인간에게는 각별히 상냥한 태도로 대하라는 뜻이다.

경쟁자에게 취해야 할 태도에는 두 가지가 있다.

하나는 극단적으로 상냥하게 대하는 것이고 다른 하나는 상대방을 굴복시켜 버리는 것이다.

만약 상대가 고의적으로 모욕하거나 경멸한다면 주저할 것도 없다.

굴복시켜도 좋다. 하지만 마음의 상처를 입을 정도라면 겉으로는 극히 예의바르게 행동해야 한다. 그렇게 하는 것이 상대에 대한 복수가 되고 어떻게 보면 자신을 위한 일도 될 것이다.

이 사회는 심술궂음, 증오, 원한, 질투 등이 서로 뒤엉켜 요란스럽게 돌아가고 있는 곳이다.

노력하는 사람보다는 적겠지만 열매만을 원하는 교활한 인간도 분명 있다. 또한 흥망성쇠도 심하다.

따라서 예의나 부드러운 언행 등 실질과 그다지 관계가 없는 장비까지 갖추고 있지 않으면 살아남기 어렵다. 내 편이 언제 적이 될지 모르며 적도 언제 내 편이 될지 모르기 때문이다.

그러므로 마음속으로 미워하더라도 겉으로는 상냥하게 대하고, 사랑하면서도 신중을 기하는 것이 반드시 필요하다.

"진정한 경쟁이란 다른 사람 위에 올라서려는 노력이 아니라
새로운 것을 창조하려는 노력이 있어야 한다.
인생은 경쟁의 장이 아니라 창조와 협력의 장이다."

아버지의 말

초판 1쇄 인쇄 2022년 9월 23일
초판 2쇄 발행 2022년 12월 26일

저자 필립 체스터필드
역자 이재연

펴낸이 이효원
편집인 음정미
디자인 별을 잡는 그물
펴낸곳 탐나는책
출판등록 2015년 10월 12일 제 2021-000142호
주소 경기도 고양시 덕양구 삼송로 222, 101동 (업무시설) 305호 (삼송동, 현대헤리엇)
전화 070-8279-7311 **팩스** 02-6008-0834
전자우편 tcbook@naver.com

ISBN 979-11-89550-78-3 03300

이 도서의 국립중앙도서관 출판시도서목록(CIP)은 서지정보유통지원시스템 홈페이지(http://seoji.nl.go.kr)와
국가자료공동목록시스템(http://www.nl.go.kr/kolisnet)에서 이용하실 수 있습니다.